Caroline Gaultier-Kurhan

MEHEMET ALI ET LA FRANCE
1805-1849

HISTOIRE SINGULIERE DU NAPOLEON DE L'ORIENT

Maisonneuve & Larose

ISBN : 2-7068-1910-3

15, rue Victor-Cousin
75005 Paris
servedit1@wanadoo.fr

À mon beau-père Méhémet Kurhan, digne arrière petit-fils du grand pacha,
en raison de son courage et de son amour de la France.
Avec toute mon affection

Remerciements

À Monsieur Louis Blin, Consul général de France à Alexandrie
Au Père Vincent, directeur de la Bibliothèque de l'Institut dominicain d'Études Orientales du Caire
À Madame Bertille Krug pour le soin apporté aux corrections

Avant-propos

À la suite de la campagne de Bonaparte en Égypte, un Turc venu avec les contingents ottomans de Cavalla, prend le pouvoir en 1805 et obtient le pachalik d'Égypte : Méhémet Ali[1]. Il fonde une dynastie héréditaire qui règnera jusqu'en 1952, affirmant des liens d'amitié indéfectible avec la France que tous ses successeurs respecteront.
En mai 1832, il déclare :

C'est à la France que je dois ce que je suis et c'est à elle que je veux devoir ce que je serai

En mai 1841, il ajoute :

Je n'ai d'ami sincère que la France

C'est à partir de cette relation privilégiée que se bâtit tout au long de cette dynastie, ce qu'il convient d'appeler actuellement une société francophone particulièrement brillante. Le français, langue de communication, au sein de la famille régnante est également pratiquée par la bourgeoisie comme langue de culture avant de devenir une forme d'opposition quand les Anglais s'installeront en Égypte après la déposition du khédive Ismaïl en 1879.

---

[1] Le vocable Méhémet Ali et non Mohammed Ali a été utilisé car le pacha d'Égypte était turc et a toute sa vie affirmé son appartenance à la civilisation ottomane. Quand le roi Fouad Ier au XXe siècle décidera d'arabiser la dynastie, les noms des princes et de ses proches abandonneront la forme ottomane. Ainsi le prince Méhémet Ali Tewfik deviendra Mohammed Ali Tewfik ou Omer Toussoun, Omar Toussoun. Parmi les proches du roi Fouad, la famille Chefket d'origine géorgienne prendra le patronyme de Fakhry.

Méhémet Ali durant son long règne entretiendra des relations avec l'empereur Napoléon Ier, les rois Louis XVIII, Charles X et Louis-Philippe.
De cette histoire partagée, l'historiographie veut en faire une histoire exemplaire des relations entre les deux pays, en donner une version sans aspérité comme si Méhémet Ali avait toujours et sans calcul choisi l'alliance avec la France. Nous le verrons, il n'en est rien. Le pacha d'Égypte, soucieux de son image et manipulateur des « médias » de l'époque, avec la complicité tacite ou non des Français sait tisser une belle histoire de son épopée à travers des relations franco-égyptiennes sans nuage que de nombreux ouvrages répéteront à satiété.
Edouard Gouin qui selon lui n'a que :

Le glorieux privilège du poète européen[2]

écrit dés 1847 à propos du pacha :

Lieutenant d'Allah, père d'Ibrahim, prunelle de cet Orient qui est l'autre œil du monde (...) sois toujours à ta jeune Égypte la rosée matinale[3]

Tandis que Méhémet Ali noue des relations diplomatiques importantes avec les Bourbons revenus au pouvoir, des experts, des savants et des militaires nostalgiques de l'Empire viennent à titre personnel se mettre au service du pacha d'Égypte, perçu comme l'héritier des idées de Napoléon en Orient. Le *Napoléon de l'Orient* construira un État moderne, en partie grâce à eux devenus fonctionnaires égyptiens.
Le pacha déclare à leur sujet :

---

[2] Gouin (E.), *L'Égypte de Méhémet Ali,* Paris, 1844, p. 2.
[3] *Ibid.*, p. 3.

Je dois tout à la France, tout à son Roi, ce sont des Français qui m'ont aidé à sortir de la barbarie dans laquelle nous étions plongés. Ma marine, l'organisation de mes troupes, mes établissements, mon commerce sont les fruits de cette bienveillance, et comment n'aimerais-je pas les Français[4]

L'Égypte du XIXe siècle apparaît comme une terre où de grandes choses peuvent se réaliser et où l'on peut continuer à croire au génie des hommes. Tous les orphelins de l'Empire se retrouvent dans :

L'Égypte de Méhémet Ali, cherchant sa voie entre la fidélité à ses traditions et le modernisme, offrira à un certain nombre d'Occidentaux des possibilités de réalisation d'un genre plus ambigu, mais impliquant incontestablement une égyptianisation prononcée (...) Cela va des débris glorieux des corps expéditionnaires européens et des représentants de cette génération qui voua son existence à Napoléon et qui, plutôt que de se reconnaître sujets de la Restauration allèrent offrir leurs services aux souverains d'Orient, aux différentes vagues de saint-simoniens (...) en passant par de nombreux inclassables[5]

Aussi, la France de Louis-Philippe et de Thiers favorise largement les menées du pacha quand il tente d'arracher à la Porte plus d'indépendance et le pachalick à titre héréditaire. Méhémet Ali a été servi par la conviction de Thiers que le pacha est un authentique fondateur d'empire. Ainsi le court ministère de Thiers est la période où Méhémet Ali a reçu de la France le plus d'appui.

---

[4] *Lettre du comte d'Oysonville, commandant de la Vestale au Ministre de la Marine,* 9 janvier 1828, Archives nationales, Marine BB 4 fos 21-22.

[5] Bélorgey (J.M.), *Voyages, ruptures et métamorphoses : des Occidentaux en quête de nouveaux mondes,* Autrement n° 66, Paris, 2000, p.153, 154.

De nombreux Égyptiens vantent son œuvre qui reste un modèle. La princesse Chivékiar l'évoque dans ces quelques lignes :

Descendante directe de Mohammed Aly, que l'on excuse mon affectueuse admiration pour lui ; Égyptienne d'hier, d'aujourd'hui et de toujours, que l'on excuse mes espoirs pour la Patrie égyptienne dans l'avenir (...) Mohammed Aly a voulu une Égypte civilisée dans son organisation et dans ses lois, puissante par ses armées, et ses étendards qui ont flotté sur tous nos pays musulmans[6]

Fondateur de l'Égypte moderne, personne n'ose retirer à Méhémet Ali cette qualité, même les héritiers du régime issu du coup d'État des Officiers libres.

---

[6] Princesse Chivékiar d'Égypte, *Mon pays,* Paris, 1933, p. VIII.

Chapitre I
Les relations entre la France et l'Égypte du XVIe siècle à l'expédition d'Égypte

Les relations de l'Égypte et de la France à partir de sa conquête sont comprises en partie dans celles que la France entretient avec la Porte. Devenue province ottomane par sa prise par le sultan Selim en 1517 qui met fin à plus de 260 ans de domination mamelouke, toute sa politique désormais passera par le filtre de Constantinople. Aussi est-il utile de rappeler l'histoire de ces relations pour comprendre les bornes ou les audaces de Méhémet Ali dans ce domaine.

Avant de partir le 10 septembre 1517, Selim nomme gouverneur Khaïberg, ancien mamelouk circassien. Le grand vizir Yünus qui s'étonne de voir un mamelouk occuper après la conquête une si haute fonction paiera de sa vie une si malencontreuse remarque :

Selim, en effet avait, dit-on promis de laisser la jouissance de leurs apanages et la possession de leurs biens aux Mamelouks qui l'aideraient[7]

A la mort du sultan Selim, Kataïev fait allégeance à son successeur le sultan Soliman. A la mort de Kataïev, le gouverneur vient désormais de Turquie.
Le sultan Soliman dit le *Magnifique* pour les Français et le *Kanuni*[8] par les Ottomans passe avec le roi François Ier un

[7] *Précis de l'Histoire d'Égypte,* Le Caire, 1933, t. III, p. 16.
[8] C'est-à-dire le législateur.

traité en 1528 qui confirme les privilèges accordés par les sultans mamelouks à savoir :

- La France peut changer ses consuls en Égypte[9] comme partout où elle en a,
- Elle a le droit d'avoir des églises[10].

L'influence de la France auprès de la Porte devient de plus en plus importante. Les Capitulations servent de modèle pour toutes les autres nations qui cherchent à traiter avec la Porte. On trouve ainsi diverses mentions de relations entre la France et le gouverneur d'Égypte comme cette entrevue entre le pacha Ali dit l'*Obèse* et Monsieur d'Aramon en 1549. Ce dernier est chargé par la cour de France de demander à la Porte l'autorisation de faire exporter cinq mille qantars de nitre et d'y acheter vingt-cinq chevaux pour le roi. N'ayant reçu aucune réponse du sultan, il décide d'aller traiter directement avec le gouverneur d'Égypte où ses démarches ne furent pas plus fructueuses[11].

Au XVIIe siècle, les commerçants français installés à Alexandrie et au Caire vivent sous la juridiction d'un consul installé au Caire où se trouvait la colonie la plus importante :

Ils se retrouvaient régulièrement aux messes consulaires, aux fêtes données pour célébrer la naissance du Dauphin ou les victoires du roi de France[12]

---

[9] Le premier consul de France en Égypte est Philippe de Parétes. Nommé par Charles VIII, il est confirmé par Louis XII. Il continue d'exercer ses fonctions après la conquête de Selim in Hanotaux (G.), *Histoire de la nation égyptienne,* Paris, 1934, t. V, p. 156.

[10] En 1581, on ajoute que les étrangers établis dans l'Empire ne sont pas soumis à l'impôt de capitation sous le prétexte qu'ils sont chrétiens. Voir *Précis de l'Histoire de l'Égypte, op. cit.*, t. III, p. 50.

[11] *Ibid.*, p. 25.

[12] Carré (J.M.), *Voyageurs et écrivains français en Égypte,* Le Caire, 1956, t. I, p. 17.

Pour s'installer commerçant dans une Echelle du Levant, il faut obtenir une autorisation de la Chambre du Commerce à Marseille. En 1731, la durée d'un séjour est fixée à 10 ans puis à 15 ans en 1748. La chambre des marchands de l'Echelle du Caire est toujours restreinte, en 1632, ils sont 22 comme en 1691[13].
Dans des conditions difficiles, ils arrivent à maintenir leur commerce en vendant essentiellement des soieries de Lyon et des draps du Languedoc et en exportant du café ce qui leur procure de confortables bénéfices.
Chaque nouveau consul est reçu par le gouverneur ottoman. Le 11 juillet 1647, par exemple, M. de Bermond[14] accompagné de tous les marchands français est reçu par le pacha qui :

L'attendait sur une chaise de menuiserie taillée et dorée, vêtu d'une robe rouge fourrée d'hermine. Il ne se releva pas et fit asseoir le sieur Bermond en bas sur le divan tout contre lui. Après sa harangue, on apporta une veste de Damas à fond d'argent, à grands feuillages d'or[15]

Cette cérémonie est toujours réglée par un protocole très minutieux.

Les Capitulations sont difficilement appliquées au XVIIe siècle en Égypte. Ainsi le chevalier d'Arvieux, dans un mémoire présenté à Louis XIV en 1670, recommande qu'un agent français parcourt les Échelles du Levant pour veiller à

---

[13] Hanotaux (G.), *op. cit.*, p.177.

[14] Plusieurs Bermond occupent la charge de consul général de France en Égypte : Christophe de Bermond (1637-1650 et de 1653-1658), Honoré de Bermond (1664-1670), Marc-Antoine de Bermond (1670-1671).

[15] Précis d'Histoire d'Égypte, *op. cit.*, p. 35.

l'application des nouvelles Capitulations. En Égypte, il note que c'est par tradition plus difficile qu'ailleurs et que le représentant français devra traiter avec le pacha et les beys mamelouks. En effet, les beys mamelouks ont très rapidement repris le pouvoir, le pacha nommé par la Porte ne l'exerçant que nominalement.

Dans le contexte de la concurrence franco-turque en Méditerranée, Louis XIV songe à la conquête de Constantinople[16] mais également à celle de l'Égypte. Pour ce dernier pays, l'affaire prend tournure quand Leibniz remet au ministre du roi, Arnault de Pomponne, un mémoire rédigé en latin : *De expeditione regis Franciae proponenda Leibnitii justa dissertatio.* Leibniz préconise pour conquérir l'Égypte une stratégie qui sera appliquée plus tard par le Directoire :

Une discrétion profonde assurera, Sire, la réussite d'une expédition déjà tentée par vos ancêtres[17]

Pomponne repousse la proposition du philosophe en disant :

Les guerres saintes ont cessé d'être à la mode depuis Saint Louis[18]

L'histoire de l'Égypte est au XVIIIe siècle particulièrement tourmentée. C'est un siècle de luttes acharnées et sanglantes entre beys mamelouks et pachas ottomans. Entre 1763 et

---

[16] Bilici (F.), *Louis XIV et son projet de conquête d'Istanbul,* Ankara, 2004.

[17] *Mémoire de Leibnitz à Louis XIV sur la conquête de l'Égypte,* Paris, 1840, p. 4.

[18] Charles Roux (F.), *Les origines de l'expédition d'Égypte,* Paris, 1910, p. 22.

1777, Ali bey[19] s'impose, tente de conquérir la Syrie, frappe monnaie à son nom et proclame l'indépendance de l'Égypte[20]. A sa mort en 1777, l'Égypte retombe dans les troubles et la Porte profite de la lutte entre beys mamelouks pour conserver une apparence d'autorité. Ali bey est un précurseur de la politique menée plus tard par Méhémet Ali. Deux beys mamelouks, Ibrahim bey[21] et Mourad bey[22], malgré des querelles incessantes s'entendent pour tirer tous les profits possibles de l'Égypte avec l'accord du gouverneur qui prend sa part au passage. En 1786, à l'issue d'un pillage qui avait soulevé les habitants de Hussaniyya au Caire, un bey mamelouk répond avec morgue à Ibrahim bey :

---

[19] Né en 1728 dans le Caucase et acheté comme esclave, il est gouverneur de district puis l'un des 24 beys des mamelouks. Il prend le pouvoir en Égypte en 1766. Il administre avec rigueur et favorise les Européens. Il meurt en 1777.

[20] *Paisible possesseur de la suprême puissance, Aly-bey voulut prouver, par sa conduite administrative, qu'il en était réellement digne ; il rendit une exacte justice à tous, purgea les provinces des Arabes voleurs, s'appliqua à faire le bien des populations qui lui étaient soumises, chacun le bénit d'avoir fait succéder la tranquillité aux désastres d'une longue guerre de faction* in Marcel (J.J.), p. 232.

[21] Né en Circassie vers 1735, il s'empare du pouvoir en Égypte de concert avec Mourad bey en 1776. Lors de l'expédition d'Égypte, il laisse Mourad bey combattre seul les Français. Il fomente l'insurrection du Caire et ne rentre dans la capitale qu'après l'assassinat de Kléber en 1800. Il se retire en Haute-Égypte à la prise de pouvoir de Méhémet Ali et meurt en 1817.

[22] Né en Circassie en 1750, il s'empare de l'Égypte avec Ibrahim bey. Ils commettent toutes sortes d'extorsions et s'en prennent au consul français ce qui sert de prétexte à l'expédition d'Égypte. Vaincu aux Pyramides, il négocie avec Kléber le gouvernement de la Haute-Égypte. A partir de ce moment, Mourad bey est d'une fidélité exemplaire vis-à-vis des Français et leur fournit des secours contre les Turcs. Il meurt de la peste en 1801.

Nous sommes tous des voleurs. Tu voles. Mourad vole et moi aussi je vole[23]

Les beys mamelouks sont les véritables maîtres de l'Égypte à l'arrivée de Bonaparte :

Rivaux d'ambition, envieux l'un de l'autre, ils avaient pourtant uni leurs intérêts solidaires pour la conservation du pouvoir, quoique divisés par leurs méfiances mutuelles, leurs antipathies réciproques, et l'opposition de leur caractère[24]

Bien que très distendus, les liens avec la Porte existent par la présence formelle d'un gouverneur ottoman au Caire :

Le pacha qui ne jouait qu'un rôle de représentation à partir de 1791 fut à peu près absent de la scène politique (...) Il existait incontestablement un loyalisme ottoman, une confiance dans la puissance et l'équité de la Sublime Porte que les revers militaires subis depuis un siècle n'avaient pas fondamentalement entamés. Si lâches que fussent désormais les liens entre l'Égypte et la Sublime Porte, et si impuissant, que fût le pacha, il était le symbole de l'appartenance de l'Égypte à l'Empire[25]

Les beys mamelouks ont la maladresse de s'attaquer aux négociants européens. Les Français demandent protection à leur consul, M. de Magallon[26]. Ce dernier envoie un rapport

---

[23] Raymond (A.), *Égyptiens et Français au Caire au XVIII*[e], Le Caire, 1998, p. 25.
[24] Marcel (J.J.), *op. cit.*, p. 247.
[25] Raymond (A.), *op. cit.*, p. 23.
[26] *Né à Marseille le 30 mai 1741, Charles Magallon avait été envoyé au Caire comme représentant de la maison Bardon. Il y réussit (...) Député de la nation, il a apporté dans cette fonction plus de zèle, d'intelligence et de travail que je n'en avais jamais vu dans ses prédécesseurs écrit d'Amirat le 29 octobre 1770* cité par Hanotaux (G.), *op. cit.*, p. 141.

au Directoire qui constitue un des prétextes de l'expédition d'Égypte[27]. Dans deux courriers, il affirme que seul un changement complet de régime permettrait d'assurer une parfaite sécurité aux marchands français. Le 29 prairial an III (17 juin 1795), il écrit à Verninac, envoyé de la République à Constantinople :

La République est assez forte pour mettre à la raison quelques individus qui n'ont en partage que de l'arrogance et point de force réelle (...) Je te prie, citoyen, de ne pas négliger les moyens de donner l'Égypte à la France. Ce serait un des beaux cadeaux que tu puisses lui faire. Le peuple français trouverait dans cette acquisition des ressources immenses[28]

Le 9 vendémiaire an IV (1er octobre 1795), il récidive et développe ses arguments dans une lettre envoyée à Colchen, commissaire des Relations extérieures :

On m'a assuré citoyen, que sous le gouvernement qui vient d'être aboli, on a eu plusieurs fois l'idée de s'emparer de l'Égypte, ayant en partie connaissance des avantages que l'on pouvait tirer de cet excellent pays par le commerce qui peut être étendu et porté à des ressources incalculables[29]

Enfin dans un rapport de 1797 (25 pluviôse an VI), il accuse les consuls des autres puissances d'inciter les beys mamelouks à s'attaquer aux intérêts français. Magallon apporte dans ses rapports tout un argumentaire pour légitimer la conquête de l'Égypte.

[27] Cattaui (R. et G.), *Mohamed-Aly et l'Europe,* Paris, 1950, p. 16.
[28] Hanotaux (G.), *op. cit.*, p. 217.
[29] *Ibid.*, p. 218.

Il n'est pas dans notre but de retracer l'expédition d'Égypte. Nourrissant des souvenirs de l'Antiquité, la Révolution marche sur les traces de la République romaine. La plus belle possession de l'Empire romain ne fut-elle pas l'Égypte ? Tous les conquérants de l'Antiquité s'y étaient en effet illustrés : Alexandre, Pompée, César et Antoine. Bonaparte confie à Bourrienne :

Il faut aller en Orient. Toutes ces grandes gloires viennent de là-bas[30].

Dés la campagne d'Italie, son esprit s'est tourné vers l'Égypte. Bonaparte vient en Égypte pour lui apporter le progrès, les idées des Lumières et la libérer du joug des mamelouks. Nombre d'intellectuels français contemporains partagent ses ambitions :

L'académicien Arnault dans ses souvenirs, raconte que le désir de partir pour l'Égypte avait été à Paris, une fureur générale : c'était une folie épidémique semblable à celle qui s'était saisie de nos aïeux à l'époque des croisades. Quantité de personnes s'adressèrent à moi, pour obtenir la faveur de s'expatrier[31]

Une nouvelle chevalerie est en train de germer, non plus celle de la noblesse chrétienne appelée à défendre le tombeau du Christ mais une noblesse intellectuelle et militaire. Cette armée, dans le droit fil de la pensée de 1789 envisage sous le

---

[30] *La campagne d'Égypte, Mythe et réalité,* Catalogue d'une exposition au musée de l'Armée, 1998, p. 21.
[31] *Précis de l'Histoire de l'Égypte, op. cit.*, p. 143.

commandement de Bonaparte, de constituer un empire mondial des Lumières. L'historien égyptien Mahmoud Hussein y voit :

Le choc impénétrable et étrangement fécond de la dernière née des sociétés humaines avec la plus ancienne d'entre-elles[32]

Les buts de l'expédition ne sont pas clairs : veut-on faire de l'Égypte une colonie destinée à remplacer celles qui sont perdues pendant la Révolution, exporter les Lumières pour donner un meilleur gouvernement à l'Égypte, couper la route des Indes aux Anglais ou encore remettre en question la suzeraineté de la Turquie ? Rien n'était réellement défini si bien qu'au bout du compte, du côté français, l'expédition prend surtout l'aspect d'une aventure personnelle, certes prestigieuse par le travail accompli mais qui n'a aucun effet politique en Égypte. Pendant la durée de l'occupation française, il est à remarquer qu'

En fait, le régime avait été celui de l'occupation militaire bienveillante, un régime provisoire jamais défini, et qui n'était ni tout à fait la colonie, ni tout à fait le protectorat[33]

L'agression de la France en Égypte est un choc pour le sultan Selim III (1789-1807) qui est francophile. À son avènement, il commence une correspondance avec Louis XVI qui ne sera interrompue que par la mort du roi. Il pense recruter des officiers français pour moderniser son armée. Bonaparte songe un moment partir à Constantinople à la suite de cette proposition. Après les prestigieuses ambassades ottomanes

---

[32] *Sur l'expédition d'Égypte*- Textes de Vivant Denon et d'Abdel Rahman el Gabarti commentés par Mahmoud Hussein, Paris, 1998, p.9.
[33] *Précis de l'Histoire de l'Égypte, op. cit.*, p. 175.

du XVIIIe siècle à Versailles, Selim III envisage l'envoi d'un ambassadeur permanent en France. Son choix se porte sur Ali effendi qui arrive à Paris le 13 juillet 1797. Son ambassade se révèle désastreuse. Il est le jouet de Talleyrand et il est incapable de prévenir son gouvernement des préparatifs français pour l'expédition d'Égypte :

Apprenant un jour après l'occupation d'Alexandrie, la prise de Malte par la flotte française, il écrivait à son gouvernement pour se féliciter de la fin des chevaliers, vieux ennemis des Ottomans et annoncer que la conquête de l'île était le but suprême de l'expédition. Ce qui attira un commentaire rageur de la part de Selim III, en marge de la dépêche : Quel bougre d'âne[34]

Dés les premières nouvelles sur les évènements d'Égypte, la Porte fait avertir les autorités provinciales de prendre des mesures à l'égard des Français. Des firmans sont expédiés notamment à Salonique, Smyrne et La Canée. Il y a plusieurs firmans contenant des mesures graduelles en fonction de l'évolution de la situation en Égypte.
Au début, le gouvernement ottoman invite ses représentants à prendre des mesures économiques à l'égard des Français pour compenser ses dommages éventuels commis en Égypte comme la séquestration des navires de commerce français dans tout l'Empire. Au mois d'août 1798, les mesures contenues dans un nouveau firman sont plus drastiques. Le sultan ordonne de mettre aux arrêts les consuls français et d'assigner à résidence les autres citoyens français résidant dans l'Empire et de les empêcher de communiquer entre eux.

---

[34] *Deux Ottomans à Paris sous le Directoire et l'Empire,* récits traduits de l'ottoman, présentés et annotés par Stéphane Yérasimos, Paris, 1998, p. 14 et 15.

Le firman circulaire de la première moitié du mois d'août 1798 est tout à fait explicite :

Un des commandants français, le général nommé Bonaparte, il y a quelque temps est apparu en Méditerranée avec une flotte nombreuse, que le dix-septième jour du mois écoulé de Muharrem, a attaqué subitement d'Alexandrie d'Égypte et y pénétrant, s'en est emparée de vive force ; qu'il a retenu les musulmans et les commerçants non musulmans de mon Empire Sublime, et même qu'il a séquestré les bateaux des commerçants ottomans – bien qu'aucun avis n'ait été reçu de la part de la République relativement à la rupture de la paix existant entre mon Empire Sublime et les Français[35]

À la fin du mois d'août, un nouveau firman ordonne l'arrestation et l'emprisonnement des Français ainsi que la séquestration de leurs biens.

En définitive, l'occupation française n'exerce que peu d'influence sur les conceptions politiques, sociales et culturelles des Égyptiens. Le seul mérite de l'expédition est que :

Les Français donnèrent le coup de grâce à un système de gouvernement qui était arrivé à bout de souffle (...). La défaite des Mamelouks avait été si écrasante que tout retour au passé était exclu après 1801[36]

Dès le XIXe siècle, Gouin écrit sur les conséquences de l'expédition d'Égypte :

---

[35] Cabra (J.), *Quelques firmans concernant les relations franco-turques lors de l'expédition de Bonaparte en Égypte (1798-1799),* Cahiers de la Société asiatique, t. X, 1938.
[36] Raymond (A.), *op. cit.*, p. 367.

Elle était féconde la semence que nous avions jetée en courant[37]

André Raymond reprend cette idée en écrivant :

L'orientation que prit l'Égypte vers la modernité en 1805, sous l'autorité de Muhammed Ali n'était pas sans lien avec une occupation qui avait rendu inévitable l'invention d'un nouveau régime, qui avait entraîné la population, uléma et masses, au combat politique, et qui fournit une référence pour une transformation organisée du pays[38]

Après la capitulation de Menou et le départ des Français en octobre 1801, le traité d'Amiens rend l'Égypte au sultan. Le 26 juin 1802, par le traité de Paris, les relations diplomatiques sont rétablies entre la France et la Porte. Ce traité comporte trois points essentiels :

- Cessation des hostilités et évacuation de l'Égypte (les troupes anglaises doivent quitter l'Égypte avant août 1802) ;
- Mise en liberté des prisonniers de guerre et des diplomates détenus dans les Échelles du Levant ;
- Renouvellement des Capitulations.

Dès la signature du traité, Talleyrand propose l'envoi de deux consuls : Bernadino Drovetti à Alexandrie et Matthieu de Lesseps au Caire.

---

[37] Gouin (E.), *op. cit.*, p. 95.
[38] Raymond (A.), *op. cit.*, p. 368.

CHAPITRE II

BERNADINO DROVETTI ET MATTHIEU DE LESSEPS
DEUX CONSULS DANS LA TOURMENTE

Bernadino Drovetti[39] et Matthieu de Lesseps[40] débarquent à Alexandrie le 2 juin 1803 dans un pays en pleine tourmente. Les Turcs occupent globalement tout le nord du pays et tiennent Le Caire et Alexandrie tandis que les mamelouks sont maîtres de la Haute-Égypte. Les beys mamelouks souhaitent retrouver le pouvoir qu'ils détenaient avant l'intrusion française. Les ottomans veulent reconquérir une province où depuis longtemps leur autorité est fictive. Pour compliquer un peu plus les choses, les Ottomans ont des supplétifs, les Albanais, bien encombrants et d'autant plus imprévisibles, qu'ils ne sont pas payés depuis des mois. Ils se sont trouvés un chef : Méhémet Ali.
Lesseps s'installe à Alexandrie, puis part en juillet s'installer au Caire, laissant seul Drovetti.

---

[39] Bernadino Drovetti (1776-1852). Consul à Alexandrie jusqu'en mars 1807, il installe ensuite sa résidence au Caire jusqu'en septembre 1814. Disgracié au début de la Restauration, il redevient consul entre 1821 et 1829. Sa correspondance privée vient d'être récemment éditée : *Lettres de Bernadino Drovetti,* présentées et commentées par Sylvie Guichard, Paris, 2003.
[40] Matthieu de Lesseps (1774-1832). À son retour en France en 1804, il occupe d'importantes fonctions dans l'administration impériale jusqu'en 1814. Pendant les Cent jours, il est nommé préfet du Cantal avec le titre de comte. Il est destitué sous la Restauration et reprend du service en 1817.

Ils ont bien du mal à analyser la situation et Matthieu de Lesseps avoue son impuissance dans ce courrier adressé à Brune :

Je tâche de ne pas perdre le fil de tant d'événements dans un labyrinthe que tant d'intérêts opposés et les intrigues étrangères rendent presque inextricable[41]

A peine installé au Caire dans sa résidence de la place de l'Ezbekiey, Matthieu de Lesseps commence ses entretiens avec les beys mamelouks Ibrahim bey et Osman-bey Bardissi[42]. Les beys mamelouks recherchent une alliance avec Bonaparte et souhaitent obtenir une réponse de celui qui entre temps est devenu premier consul. Le sultan el Kébir est toujours présent dans les esprits. Matthieu de Lesseps s'étonne de distribuer autant de portraits du Premier Consul aux cheikhs et aux principaux habitants du Caire.
La demande des chefs mamelouks est pressante :

S'il veut nous aider secrètement et sans se brouiller avec la Sublime Porte, ses secours et ses conseils nous rendront invincibles. S'il maintient ouvertement notre indépendance, nous combattrons pour lui (...) Qu'il nous impose enfin des conditions et nous obéiront[43]

---

[41] Douin (G.), *L'Égypte de 1802 à 1804,* Le Caire, 1925, p. 59.
[42] Le plus pro français des mamelouks. Sa foi dans les agents de la France est si grande que la veille de sa mort, il présente encore l'abaissement de la fortune mamelouke comme étant le résultat du peu de prix attaché par les autres beys aux promesses de la France. Ses mamelouks, pour honorer sa mémoire, brisent ses armes et tuent ses chevaux sur sa tombe, car nul ne leur parait plus digne de servir après lui.
[43] Faivre d'Acier (A.), *Les agents de Napoléon en Égypte (1801-1815),* Paris, 1990, p. 72 et 73.

Bonaparte reste sourd aux appels des beys mamelouks dont certains vont bientôt se tourner vers l'Angleterre.
Les deux consuls, qui de ce fait ne bénéficient plus de la protection des mamelouks, cherchent à se rapprocher des Albanais tout puissants et de leur chef. Cette proximité, voulue tout d'abord pour assurer sa sécurité, permet à Matthieu de Lesseps de se rapprocher de Méhémet Ali et de pressentir très rapidement les ambitions du Rouméliote. Il écrit en janvier 1804 à Talleyrand :

Je puis vous assurer d'avance que son projet n'est plus équivoque et qu'il veut s'emparer de l'autorité suprême[44]

Drovetti et Lesseps pressentent que c'est lui qui finira par triompher. A partir de cette conviction, ils vont prendre de gros risques, allant presque à l'encontre des consignes données par Paris ou en les interprétant très librement. Ils agissent de manière souterraine et soutiennent de manière significative le futur pacha. Ainsi quand Méhémet Ali remarque une escouade de mamelouks français conduite par Selim d'Avignon alias Combes appartenant à Elfi bey[45] lors d'un défilé militaire à Gizeh, fasciné par ces soldats, il demande à Drovetti de les convaincre de se mettre à son service. Ce qui est fait :

Vingt-cinq mamelouks français gagnés par M. Drovetti quittaient les drapeaux de l'Elfi pour ceux de Méhémet Ali[46]

---

[44] Douin (G.), *op. cit,* p. 173.
[45] Elfi bey est vendu en 1773 pour mille mesures de blé (elf en arabe) à Mourad bey. Après la bataille des pyramides, il se retire en Haute-Égypte avec Mourad bey. D'un caractère fantasque, il se ruine en constructions et en achat d'esclaves. Il meurt de la peste en 1807.
[46] Marcel (J.J.), *op. cit.,* p. 5.

Drovetti rallie sans état d'âme les mamelouks français à Méhémet Ali car Elfi bey est notoirement pro-anglais. Ce dernier explique à Drovetti son choix au lendemain d'Austerlitz :

Je regarde la puissance de Napoléon comme éphémère. S'il a battu les Russes et les Autrichiens, jamais en revanche, il ne pourra vaincre les Anglais... Je n'aime pas les Français ; cette inimitié chez moi, a surtout deux motifs : d'abord ils ont détruit la puissance des mamelouks, en second lieu, ennemis des Anglais, comme ils sont, ils deviennent les miens[47]

Dés 1803, les Anglais, eux, misent sur Elfi bey et l'envoient en Angleterre. A Londres, il est la coqueluche des salons. Il accepte toutes les conditions anglaises sur leur future implantation et se voit déjà roi :

Il s'était fait d'avance fournir dans le goût européen l'ameublement d'une maison royale[48]

Le 1er février 1804, il rentre en Égypte et débarque d'une frégate anglaise à Aboukir. Embarquant sur une cange battant pavillon anglais, il s'avance sur le Nil en direction du Caire quand il est détroussé par Méhémet Ali, par Albanais interposés. Elfi bey est dépouillé de ses meubles importés de Londres, de ses bijoux et d'autres effets précieux qui sont vendus immédiatement au Caire :

---

[47] Douin (G.), *L'Angleterre et l'Égypte, la politique mamelouke (1803-1807),* Le Caire, p. 143.
[48] Gouin (E.), *op. cit.,* p. 129.

Il en fut quitte pour l'abandon de ses bagages dont la valeur est immense[49]

Pendant ce temps, les événements se précipitent. Matthieu de Lesseps, victime d'un attentat, quitte le Caire pour Alexandrie. Les Albanais chassent les Turcs du Caire et Méhémet Ali, fin politique, joue la carte du légalisme en rétablissant le gouverneur ottoman, Kourchid pacha, au Caire. Il se livre aussitôt à des brigandages et rançonne la très respectée épouse de Mourad bey, Sette Nefissah. Exaspérés, les principaux cheiks du Caire rencontrent Méhémet Ali pour déposer Kourchid pacha[50].

L'élection de Méhémet Ali, le 12 mai 1805 par la population du Caire, ratifiée par le sultan le 9 juillet, est un événement considérable.

David Urquhard s'interroge en 1834 sur les chances à long terme pour Méhémet Ali de se maintenir au pouvoir :

Les annales de l'empire ottoman depuis un grand nombre d'années sont remplies de révoltes de pachas, qui, avec plus ou moins de moyens, pendant un temps plus ou moins long, se sont soustraits à la domination de la Porte, ont formé des alliances avec l'étranger, ont envahi d'autres provinces, ont été considérés en dehors comme fondateurs de nouvelles dynasties, mais tous sans exception ont fini par être vaincus. La cause de leur chute doit être attribuée à la coïncidence des intérêts de leurs peuples avec ceux qui se soulevèrent[51]

---

[49] *Ibid.,* p.129.

[50] Il quitte l'Égypte en octobre 1805 en prononçant ces paroles prophétiques : *Derrière moi, je laisse un homme qui deviendra le plus formidable rebelle de l'Empire. Nos sultans n'ont jamais eu de politique aussi retors, d'homme aussi énergique.*

[51] Uquhard (D.), *Le sultan et le pacha,* Paris, 1839, p. 14 et 15 (1ère édition en anglais en 1834).

Il ajoute un peu plus loin que Méhémet Ali ne pourra se rebeller durablement qu'en :

Se maintenant uniquement par le sabre[52]

L'analyse d'Uquhard ne tient pas compte de l'originalité de la prise du pouvoir de Méhémet Ali. Les révoltes dans l'Empire ottoman sont courantes, certaines dépassent le stade de revendications conjoncturelles pour revendiquer un statut d'indépendance ou de semi-indépendance mais aucune n'aboutit à la désignation d'un pacha élu par le peuple, confirmée par le sultan comme en Égypte. Cette légitimité lui confère d'une part la durée et la possibilité plus tard de créer une dynastie. En cela la révolte de Méhémet Ali est unique.

---

[52] *Ibid.*, p. 16.

Chapitre III
MEHEMET ALI ENTRE MYTHE ET REALITE

Hamont raconte dans ses souvenirs que Méhémet Ali aime raconter à ses visiteurs les épisodes de sa vie avant son arrivée en Égypte[53]. Le pacha se plaît à mettre en évidence deux coïncidences symboliques. Il est né la même année que Napoléon et dans le pays d'Alexandre le grand. Il est contemporain de l'un et compatriote de l'autre. Lorsqu'il rencontre des voyageurs ou des diplomates, Méhémet Ali les régale d'anecdotes concernant son enfance ou sa vie en Macédoine qui sont reprises dans tous les récits des voyageurs et qui contribuent largement à ce qu'il est convenu d'appeler sa publicité en Europe. Le pacha, soucieux de son image, gère son plan « média ». Il se fait lire la plupart des journaux européens, suivant ainsi les critiques plus ou moins acerbes faîtes à sa personne.

Lors des audiences, Méhémet Ali brouille les pistes en mettant au point son histoire officielle dont il offre des bribes à chaque audience.

La trame de son histoire qu'il souhaite voir se répandre est la suivante : il est né à Cavalla en Macédoine, orphelin de bonne heure, le gouverneur de Cavalla le recueille et le marie à une riche parente qui lui donnera la possibilité d'entreprendre le commerce du tabac. À cette époque, il fréquente M. Lion, représentant d'une maison de commerce de Marseille qui lui donne le premier l'attrait de la France…[54]

---

[53] Il fonde l'École vétérinaire et livre ses souvenirs dans *L'Égypte sous Méhémet Ali,* Paris, 1843.

[54] ***Séduit par la spirituelle gentillesse de son petit concitoyen que le malheur rendait plus intéressant encore, notre compatriote lui témoigna une affection toute paternelle et tel fut le germe de sympathie que les***

En revanche, il livre peu d'informations sur les événements qui ont jalonné sa vie, entre son arrivée en Égypte et son élection au pachalik d'Égypte en 1805.
Il faut toute la verve de Gouin pour résumer son action durant cette période :

Il s'est fait renard souvent, lion toujours. Il a renversé les Osmanlis par les Mamluks, les Mamluks par les Albanais, les Albanais par les Égyptiens. Il a fasciné, il a détruit quatre vice-rois sans craindre de s'asseoir à son tour sur un trône si fragile. Y monter a-t-on dit, était un chef d'œuvre, y rester, un miracle[55]

Sous le règne du roi Fouad[56] Ier paraissent sous son égide différents ouvrages[57] qui tout en reprenant les épisodes traditionnels de l'enfance du fondateur de la dynastie, chose nouvelle insiste sur l'origine du pacha. Le roi Fouad qui avait souhaité être roi d'Albanie, donne une origine albanaise à son ancêtre sans aucune justification.
Aussi faut-il pour dessiner une image plus exacte du pacha, se dégager des récits contemporains quasiment dictés par Méhémet Ali et se méfier des écrits postérieurs obéissant à une logique dynastique.

Français ont trouvé (...) chez le Maître de l'Égypte in Gouin (E.), *op. cit.*, p. 154.

[55] Gouin (E.), *op. cit.*, p. 153.

[56] Sultan puis roi d'Égypte (1917-1922-1936), il est le fils du khédive Ismaïl, lui-même petit-fils de Méhémet Ali.

[57] Le roi Fouad commandite à des académiciens français ou des historiens français et égyptiens des ouvrages sur l'histoire de sa dynastie. Son gendre, Mahmoud Fahkry pacha, ambassadeur d'Égypte à Paris coordonne les ouvrages écrits en France. Le général Weygand livre une *Histoire militaire de Mohammed Ali et de ses fils,* Paris, 1936, l'amiral Durand-Viel *Campagnes navales de Mohammed Ali et d'Ibrahim,* Paris, 1935.

Si les Français rapportent sans esprit critique les anecdotes savamment distillées par le pacha, les Anglais, en revanche sont plus sceptiques sur la nature de ses confidences.
Ainsi John Baker, nouveau consul à Alexandrie en 1826, qui vient présenter ses lettres de créance est étonné que le pacha paraisse oublier l'objet de sa visite pour lui livrer des confidences sur son passé. L'Anglais écrit après son audience :

Rather, it constituted part of stories and performances that were meticulously perfomed to influence the wiews of these European visitors[58]

La première incertitude concerne l'année de sa naissance : 1769. Olympe Audouard[59] souvent venimeuse et facilement cancanière fait remarquer que :

Bien souvent Méhémet Ali cherchait lui-même, d'après ce qu'il avait entendu dire à ses parents, à découvrir l'âge qu'il pouvait avoir[60]

Marcel[61] montre la même circonspection en notant :

---

[58] Cité par Fahmy (K.), *All the Pascha's Men*, Université américaine du Caire, 2002, p. 3.
[59] Voyageuse et journaliste. Elle séjourne au Caire en 1865, pénétrant des milieux divers. Elle ne rapporte beaucoup d'informations. Elle mêle dans son ouvrage *Les mystères de l'Égypte dévoilés* des potins, des ragots et des histoires déjà colportées par d'autres voyageurs mais aussi des informations inédites. Ces dernières, quand elles ne concernent pas le khédive Ismaïl qu'elle déteste, sont une source d'information non négligeable.
[60] Audouard (O.), *Les mystères de l'Égypte dévoilés,* Paris, 1865, p. 60.
[61] Marcel (J.J.) 1776-1854 est attaché à la commission scientifique de l'expédition d'Égypte puis devient directeur de l'Imprimerie impériale.

En 1836, il se donnait soixante-treize ans, ce qui ferait remonter sa naissance à l'année 1763, tandis qu'il est né en 1768 ou 1769[62]

En fait Méhémet Ali a choisi son année de naissance 1769 pour renforcer aux yeux des contemporains le parallèle que l'on peut faire entre les deux hommes.

Sa filiation ne pose aucun problème. Il est le fils d'Ibrahim agha (décédé en 1791) et de Zeinab Hanem (morte en 1796), Ibrahim agha étant lui-même fils d'Ali agha et de Khadidja Kaden (fille de Saïd agha). Le père de Méhémet Ali s'installe à Cavalla où sa fonction l'appelle : Préposé à la sûreté des routes l'appelle. L'origine de la famille se situe en Anatolie, à Konya et peut-être plus anciennement au Kurdistan[63].

Gouin rapporte que Méhémet Ali raconte que :

Des dix-sept enfants qu'avait mon père, il n'est resté que moi[64]

Or le pacha a une sœur qu'il fait venir en Égypte : Emina hanem. Deux de ses neveux Ahmed pacha et Ibrahim pacha[65] participent à toutes ses campagnes militaires. Les descendants d'Emina hanem prennent le nom de *Yeghen* qui signifie cousin en turc.
Dans la notice consacrée à la famille du pacha, Marcel indique :

---

[62] Marcel (J.J.), *op. cit.*, p. 29.
[63] Source de la famille royale
[64] Gouin (E.), *op. cit.*, p. 150
[65] Des deux frères, Ahmed pacha est celui qui a le plus participé à l'œuvre de son oncle. Il est gouverneur du Hedjaz en 1819, dirige la Commission militaire en 1825, participe à la campagne de Morée et de Syrie.

Neveux du vice-roi, enfants de frères et sœurs
- *Achmet Pacha, gouverneur de la Mecque, âgé de quarante ans*
- *Ibrahim pacha Kutchuk, général de division*
- *Ismaïl pacha, ex-gouverneur d'Alep, général et gendre d'Ibrahim pacha, âgé de trente ans*
- *Hussein pacha*
- *Sherif pacha, ex-gouverneur de la Syrie*
- *Hussein bey*
- *Ali bey*[66]

L'épouse de Méhémet Ali est Emina hanem, parente du gouverneur de Cavalla. D'après les récits contemporains, elle est :

Riche et divorcée[67]

ou

Fille du gouverneur, divorcée depuis quelque mois à peine d'avec son premier mari[68]

ou

Parente du Tchorbadji (capitaine des janissaires) de Praousta qui venait de divorcer[69]

---

66 Marcel (J.J.), *op. cit.*, p. 37.
67 Gouin (E.), *op. cit.*, p. 151.
68 Audouard (O.), *op. cit.*, p. 64.
69 Marcel (J.J.), *op. cit.*, p. 2.

ou

Une riche veuve[70]

Cette incertitude concernant Emina hanem : veuve ou divorcée alimente l'idée largement répandue à l'époque que le fils aîné du pacha, Ibrahim n'était pas son fils.
Planat[71] écrit :

Ibrahim pacha, fils adoptif de Mohamed-Aly[72]

Marcel donne une explication :

Mohamed-Ali a eu trois fils (d'Emina hanem) *dont l'aîné a vu le jour du vivant du précédent mari de sa mère et dans le pays où résidait encore cet homme*[73]

Gouin sur un ton napoléonien et sans appel règle le problème de la filiation d'Ibrahim pacha :

Ibrahim pacha est non le prince Eugène mais le roi de Rome du Napoléon oriental[74]

La tradition ottomane veut, lorsque une femme perd son mari que ce soit un parent ou un ami du défunt qui l'épouse afin de ne pas la laisser sans appui. C'est ainsi qu'il arrivait fréquemment qu'un soldat épouse la veuve de son compagnon d'armes. Vingt ans séparent seulement Méhémet

---

[70] Hamont (P.N.), *op. cit.*, t. I, p. 442.

[71] Jules Planat né à Paris en 1796. Il est dans l'artillerie à pied de la garde impériale le 15 avril 1815. Il renonce à la carrière militaire en 1819 et devient secrétaire de l'ex-roi de Hollande en 1820. Il part en août 1823 en Égypte, rentre en France en 1829 où il se suicide.

[72] Planat (J.), *op. cit.*, p. 34.

[73] Marcel (J.J.), *op.cit.*, p. 36.

[74] Gouin (E.), *op. cit.*, p. 1.

Ali et Ibrahim pacha. Mais il est troublant d'observer que Méhémet Ali envoie à la tête des armées pour la campagne contre les wahhabites[75] son second fils Toussoun pacha, quoique très jeune. Quand ce dernier décède, le pacha envoie alors Ibrahim pacha. De la même manière, le pacha envoie son troisième fils Ismaïl pacha pour la campagne du Soudan[76] et quand celui-ci meurt au cours de l'expédition, Ibrahim pacha prend la relève. A chaque fois, on a l'impression que Méhémet Ali souhaite que toute la gloire militaire revienne à un fils de son sang. Ibrahim pacha prend réellement la direction des campagnes militaires que lorsque Méhémet Ali n'a plus d'autres fils en âge de combattre[77].
Troublante est l'anecdote rapportée par Hamont sur un entretien entre le consul de Russie et le pacha au sujet de la bataille de Konya[78]. Comme le consul de Russie déclare qu'Ibrahim pacha est le plus grand pacha de l'Empire, Méhémet Ali s'emporte :

Et cet Ibrahim, qu'est-il donc, d'où sort-il pour qu'on ose, à ma barbe, le dire le plus grand des vizirs[79]

La préférence du pacha pour son fils Toussoun pacha est connue :

---

[75] Dés 1807, le sultan demande à Méhémet Ali d'intervenir en Arabie pour soumettre les wahabbis révoltés. Cette secte fondée au XVIIe siècle souhaite revenir aux sources de l'Islam. Elle avait conquise un territoire important du Hedjaz au golfe persique, du Yemen aux portes de Damas.
[76] La conquête du Soudan dure de 1820 à 1822.
[77] Saïd pacha naît en 1822 et Halim pacha en 1831.
[78] La bataille de Konya se déroule le 21 décembre 1832 et marque le point extrême de l'avancée des troupes égyptiennes en Anatolie lors du conflit qui oppose l'Égypte à la Porte.
[79] Hamont (N.P.), *op. cit.*, p. 435.

Cette préférence n'était un mystère pour personne, et si déjà on ne doutait point que le Rouméliote n'ait la puissance ou l'adresse d'assurer à sa race l'hérédité de son fief, on croyait assez généralement qu'il invertirait en faveur de Toussoun, l'ordre de primogéniture[80]

Beaucoup d'indices font penser qu'Ibrahim pacha n'est pas le fils de Méhémet Ali mais la question reste ouverte faute d'éléments indiscutables. Le faisceau de présomptions ne suffit pas pour trancher.

Les épisodes de la jeunesse du pacha à Cavalla suscitent également beaucoup de questions. La plupart des ouvrages répètent que le jeune Méhémet Ali avait été recueilli par le gouverneur de Cavalla en raison de sa bravoure. Précoce, il aurait conduit à l'âge de quinze ans, une expédition de mille hommes contre des pirates…
Mouriez est l'un des rares contemporains à prendre du recul par rapport à ce qu'il appelle des fables :

Tous ces contes ridicules ne prouvent qu'une chose, c'est que la jeunesse de Méhémet Ali fut très agitée et semée de ces aventures que justifiaient, tout à la fois, un caractère à qui le repos fut de tous temps insupportable, le milieu social où il prit naissance, et la privation prématurée des liens énergiques de la famille[81]

Weygand, plus tard, à la prudence d'écrire :

[80] Mouriez (P.), *Histoire de Méhémet Ali,* Paris, 1855, t. V, chapitre XXX, p. 215.
[81] Mouriez (P.), *Ibid.*, p. 59.

Le pacha lui-même eut la coquetterie de favoriser certaines fables[82]

Méhémet Ali, comme nous l'avons dit précédemment, dicte sa propre histoire en y introduisant des épisodes propres à accréditer l'histoire d'un chef prédestiné.

Le deuxième élément des débuts de Méhémet Ali concerne son commerce de tabac :

Peu de temps après son mariage, Mohamed Aly se livra au commerce du tabac. Ses opérations devinrent lucratives et lui inspirèrent cet amour, cette science du commerce que depuis, il a toujours conservés[83]

Là encore, on peut mettre en doute cette version très aseptisée. Olympe Audouard relate une version qui permet d'appréhender les débuts du pacha d'une manière plus réaliste et moins mythique :

Né de parents pauvres, orphelin de bonne heure (...), il passa sa jeunesse dans l'obscurité et la misère. Il a vécu plusieurs années à Constantinople, où il était simple caikjié (batelier). Un jour, ennuyé de cette vie de labeur, désireux aussi de revoir sa ville natale, il alla trouver un petit banquier arménien et il lui dit : Je voudrais m'établir à Cavalla, y faire le commerce du tabac, mais je n'ai pas le sou. Si tu me prêtes six mille piastres, tu me rendrais un grand service. Je te rembourserai cette somme dès que je le pourrais[84]

---

[82] Général Weygand, *Histoire militaire de Mohamed Aly et de ses fils*, Paris, 1936, t. I, p. 6.
[83] Gouin (E.), *op. cit.*, p. 152.
[84] Audouard (O.), *op. cit.*, p. 60 et 61.

Le banquier arménien lui prête de l'argent. Méhémet Ali lui rend rapidement ayant fait de bonnes affaires. Revenu à Cavalla, commerçant prospère et avisé, il rend des services au gouverneur qui lui donne sa fille en mariage.
On peut porter crédit à ces dernières informations. Pour l'ottoman qu'est Méhémet Ali, il est peu glorieux d'avouer son passé de commerçant surtout quand on a accédé aux plus hautes charges. Une enfance guerrière sied mieux à l'image qu'il veut donner de lui-même dans une histoire recomposée par ses soins. Il préfère gommer toute activité commerciale trop précoce et tout parcours chaotique. Méhémet Ali préfère accréditer la version que sa femme lui apporte les moyens pour établir un commerce plutôt que d'avouer une enfance misérable. Mahomet n'a-t-il pas eu lui aussi par son mariage avec une riche veuve, Khadidja, les moyens pour commencer une activité commerciale ?
Il semble bien que Méhémet Ali ait eu recours assez souvent aux banquiers arméniens à ses débuts comme le signale Nubar pacha. Il nous apprend les conditions de l'arrivée du pacha en Égypte en 1798 :

Mohammed Aly devait accompagner comme second l'agha de Cavala qui conduisait un corps de trois cents hommes lors de l'expédition d'Égypte ; mais Mohammed Aly n'avait nul moyen de s'équiper. Il se présente chez Karakehya (banquier arménien) : Je dois partir pour faire campagne en Égypte ; j'ai besoin de douze mille piastres, veux-tu me les donner ? Si je vis et je réussis, je te les rendrais ; si je péris, tu les auras perdus[85]

Méhémet Ali, dès son accession au pouvoir, se conduit bien souvent comme un commerçant gérant une affaire qui doit devenir rentable. Il vit à Alexandrie entouré de négociants

---

[85] *Mémoires de Nubar pacha,* Beyrouth, 1981, p. 26.

européens et passent des marchés[86]. Il s'appuie également sur un réseau de connaissances antérieures à son élévation où les Arméniens tenaient une grande place. D'ailleurs Hamont remarque avec acidité que :

Son conseil est composé de Turcs et d'Arméniens[87]

Djabarti se plaint amèrement de la présence des Arméniens dans l'entourage du pacha :

Ce sont surtout les Arméniens et autres chrétiens, qui ce moment jouissent de ses faveurs et lui donnent des conseils[88].

[86] Benedetti de, *Méhémet Ali durant ses dernières années,* in Revue des deux Mondes, 1895, p. 515.

[87] Dans ce conseil siège Boghos bey qui est le ministre des Finances. Méhémet Ali le comble d'honneurs. A sa mort, le pacha lui fait rendre les honneurs militaires. Nubar pacha, son neveu, écrit dans ses *Mémoires*, *op. cit.*, p. 52 : Le fait que des troupes musulmanes accompagnant un chrétien à sa dernière demeure, n'a rien d'étonnant aujourd'hui en Égypte, c'est même le contraire qui aurait lieu de surprendre.

[88] Djabarti, *Chroniques,* Le Caire, 1896, traduction, t. IX, p. 225.

CHAPITRE IV
MEHEMET ALI ET NAPOLEON
(1804 – 1815)

Les historiens français du XIXe siècle se plaisent à voir en Méhémet Ali, le Napoléon de l'Orient. Gouin parfaitement représentatif de cette tendance écrit :

L'exécuteur testamentaire de Napoléon a mis en œuvre les principes légués au monde oriental par le maître de l'Occident[89]

Les Anglais, à la même époque, raillent ce rapprochement. Ils écrivent à propos du pacha que des flatteurs :

Persuade him that he is a second Napoleon[90]

Les deux hommes ont beaucoup de points communs. Tous deux mettent fin à des systèmes politiques qui ont duré des siècles pour établir leur propre dynastie. Tous deux ont le souci de réformer en profondeur leurs États mais doivent en même temps soutenir des guerres. Aux yeux des souverains occidentaux, Napoléon reste un parvenu qui s'est hissé au pouvoir suprême grâce à la Révolution et à ses victoires militaires. En Orient, Méhémet Ali est considéré comme un pacha rebelle par l'Empire ottoman. Ils n'auront jamais aucune relation directe. Napoléon à Sainte-Hélène évoque ce qu'il aurait voulu faire de l'Égypte s'il l'avait conquise

---

[89] Gouin (E.), *op. cit.*, p. 375.

[90] Scott C. Rochefort, *Rambles in Egypt and Candia,* Londres, 1837, t. II, p. 113.

durablement mais sans jamais faire mention de celui qui l'avait conquise après lui.

Que serait ce beau pays, après cinquante ans de prospérité et de bon gouvernement ! (...) Sans doute une grande nation, comme du temps de Sésostris et des Ptolémées, couvrirait cette terre aujourd'hui désolée, par sa main droite, elle appuierait aux Indes, et par sa main gauche à l'Europe. Si les circonstances locales devaient décider de la prospérité et de la grandeur des villes, Alexandrie plus que Rome, Paris, Londres, Amsterdam aurait été appelée à être la tête de l'univers...[91]

Il est vrai qu'à l'époque où Napoléon dicte ses mémoires, Méhémet Ali passe aux yeux de l'empereur pour un simple pacha d'une province ottomane. Méhémet Ali n'a pas encore commencé son œuvre de réformes, de régénération de l'Égypte. Jusqu'en 1815, il a simplement pacifié le pays en se débarrassant des Anglais et des Mamelouks. Ces derniers, instrumentalisés par les Anglais maintiennent un climat d'anarchie, empêchant toute réforme d'envergure. Méhémet Ali se résout à les éliminer par le massacre de cette milice, le 1er mars 1811 à la Citadelle du Caire. Ce crime politique nuit pendant longtemps à l'image du pacha en Europe. Dans un souci de comparaison, il est quelquefois qualifié de

Brumaire de Mohammed Aly[92]

Méhémet Ali reçoit également pendant la même période un ordre du sultan Mahmoud II de combattre les wahhabites qui se sont révoltés. Cette campagne militaire difficile épuise les maigres ressources dont l'Égypte dispose alors.

---

[91] *Précis de l'histoire de l'Égypte, op. cit.*, p. 219 et 220.
[92] *Ibid.*, p. 222.

Si Méhémet Ali reste pratiquement un inconnu pour Napoléon en revanche, Napoléon est pour Méhémet Ali :

Un objet tout à la fois d'épouvante et d'admiration[93]

Admiratif, il fait traduire en turc en 1833, une bibliographie de Napoléon. Il la fait imprimer sur les presses gouvernementales de Boulaq sous le titre de *Bonapart Tarihi* mais il sait également que l'empereur n'a pas renoncé à reconquérir l'Égypte.

Les relations entre l'Égypte et la France passent nécessairement par la Porte car l'Égypte est toujours une province ottomane.
Après la signature du traité d'Amiens, Memed Saïd Halet est nommé ambassadeur permanent à Paris. Il arrive le 3 juin 1802

En France comme représentant de la tendance la plus résolue à vilipender l'Occident sous toutes ses formes et il s'y emploie dans ses lettres[94]

Il rentre à Istanbul en 1806 sans jamais avoir facilité ou développé les relations de la Porte avec la France.
Un nouvel ambassadeur, Abdurrahim Mahibb Efenfi est nommé en 1806 après la décision de reconnaître à Napoléon le titre impérial de padischah[95].
Jusqu'à l'entrevue de Tilsit, l'empereur privilégie l'alliance retrouvée avec la Porte. Il souhaite ne contrarier en aucune manière les intérêts ottomans et reçoit du sultan une

[93] De Vaulabelle (A.), *Histoire moderne de l'Égypte (1801-1834),* t. X, p. 99.
[94] *Deux ottomans sous le Directoire, op. cit.*, p. 34.
[95] *Ibid.*, p. 34.

ambassade extraordinaire chargée de présents. Dans ce contexte, Napoléon ordonne que Talleyrand transmette aux consuls français l'ordre de ne pas s'immiscer dans les affaires intérieures de l'Égypte. Il ne veut :

Soutenir aucun rebelle à la Porte, ni aucun Grec, ni aucun de ses anciens mais d'Égypte et de Syrie. Toute sa politique est d'être intimement liée à la Porte ottomane[96]

Napoléon pense que le temps des mamelouks est révolu et qu'il est impensable de les rétablir malgré les protestations d'amitié de certains d'entre eux.

Napoléon ne cherche aucune entente politique avec les mamelouks, ni même avec Méhémet Ali pacha parce qu'il cultive l'amitié de la Porte et ne veut rien tenter en Égypte qui pourrait déplaire au sultan[97]

Napoléon, refusant d'intervenir, favorise les menées des mamelouks devenus les jouets des Anglais. Ces derniers ont bien compris que Méhémet Ali risque de les écraser définitivement. Londres convaint alors la Porte de donner au pacha, le pachalik de Salonique. Méhémet Ali refuse et promet la guerre. Le 14 juillet 1806, il déclare :

J'ai pris le Caire à la pointe de l'épée et ne le rendrait que par la force : croit-on que cette ville soit comme une maison de bains, où l'on rentre à volonté ? Je connais les Turcs : ils sont à vendre, je les achèterai. L'année dernière, j'ai conquis

[96] Lettre de Talleyrand à Sébastiani, mai 1806 cité par Cattaui (R. et G.), *op. cit.*, p. 41.
[97] Faivre d'Arcier (A.), *op. cit.*, p. 162.

le pouvoir avec cinq cents soldats douteux ; j'en ai quinze cents aujourd'hui et tous bien dévoués[98]

La mort d'Elfi bey, le 30 janvier 1807, fait perdre aux Anglais un allié ombrageux et infidèle mais qui avait beaucoup servi leurs intérêts. Sur le point d'expirer, le bey mamelouk dit :

C'en est fait, l'Égypte est à Méhémet Ali, il n'est plus personne pour lui disputer[99]

En mars 1807, les Anglais tentent une dernière fois leur chance. Ils débarquent le 22 mars à Alexandrie et prennent possession de la ville grâce à la complicité de quelques beys mamelouks. Méhémet Ali avec une poignée d'Albanais écrase les troupes anglaises à El Hamad. Les Anglais capitulent. En septembre, le pacha libère les prisonniers anglais et les laissent rembarquer sur leurs propres navires.

Mais, en 1807 Napoléon trahit la Porte, lors de l'entrevue de Tilsit le 7 juillet avec le tsar Alexandre Ier. L'empereur s'engage à intervenir comme médiateur entre les Russes et les Turcs. Il n'en fait rien et laisse les Russes soutenir les Serbes et les Moldaves, sujets de l'empire ottoman[100].
A Tilsit, les deux empereurs évoquent le projet de se partager le monde. Dans ce partage, l'Égypte reviendrait à la France. Au lendemain de la rencontre, Napoléon ne montre aucun enthousiasme, pensant que ce projet est né de la griserie des grandes rencontres. Rapidement le tsar le relance et le presse de mettre à exécution le projet. Le commentaire de l'Anglais Uquhard à ce sujet est éloquent :

---

[98] Couin (E.), *op. cit.*, p. 168.
[99] Douin (G.), *op. cit.*, p. XXII.
[100] Mantran (R.), *op. cit.*, p. 433.

La France parait se laisser aller à une soif vague d'agrandissement. L'espoir secret de son cabinet semble être de détacher l'Égypte de la Porte ; l'Égypte que la Russie lui offrit en 1790 dont elle s'empara en 1798 et qui devint le premier théâtre comme la principale cause de la grande lutte entre l'Angleterre et la France. L'Égypte que la Russie lui offrit une seconde fois en 1807 comme le prix de l'occupation russe de Constantinople[101]

En 1808, des préparatifs sont en cours à Toulon et à Lorient. Il s'agit de porter de Lorient une expédition vers l'île de France pour faire diversion dans les Indes. Au même moment, en prévision de la véritable expédition, le contre-amiral Allemand dépose sur l'île d'Elbe d'abondantes ressources et matériel de guerre tandis que le contre-amiral Ganteaume fait de même sur l'île de Corfou. Napoléon annonce :

Je suis résolu à cette expédition... Au même moment, j'enverrai mon escadre de Toulon prendre 20 000 hommes dans le golfe de Tarente pour les porter en Égypte[102]

Cette stratégie paraît plus facile pour Napoléon à appliquer que celle de 1798.
Devant cette mobilisation, l'Angleterre prévient Méhémet Ali d'une éventuelle offensive des Français. Le pacha se met à fortifier immédiatement Alexandrie. Le consul de France à Alexandrie envoie, le 21 février 1808, une lettre au ministre des Affaires étrangères dans laquelle on lit qu'un

---

[101] Uquhart (D.), *op. cit.*, p. XVJ.
[102] Driault (E.), *Mohamed Aly et Napoléon (1807-1814)*, Société Royale de Géographie, Le Caire, 1925, p. XXII.

Brik anglais était venu informer Mohamed Aly pacha de la venue prochaine des Français en Égypte avec des forces considérables (...) Le pacha répondit qu'il avait assez de troupes que dès ce moment, il allait ordonner les marches pour garnir et fortifier la côte mais que pour cet objet, il n'avait besoin d'aucun secours étranger[103]

Le pacha refuse toute aide extérieure car il se méfie des Anglais.

La guerre d'Espagne en 1809 détourne une fois de plus Napoléon de l'Égypte mais en 1811, il revient sur la question. Il demande qu'il y ait à Toulon, tout ce qui est nécessaire pour une expédition en Égypte : des bateaux pour remonter le Nil, d'autres pour entrer dans les lacs à côté d'Aboukir. Il demande également des renseignements sur les fortifications du Caire, d'Alexandrie, de Damiette et d'El Arich[104].

On peut juger de la persévérance des vues de Napoléon sur l'Égypte par le fait qu'il empêche la publication de la carte géographique de l'Égypte de Jacotin. Cette carte rectifie des erreurs et comprend le nom des villages en français et en arabe.

C'est un instrument formidable pour guider une armée dans sa marche. On comprend que Napoléon pour des raisons d'ordre militaire ne veuille pas diffuser cette carte[105]

La campagne de Russie détourne encore l'empereur de l'Égypte.

Méhémet Ali craint une nouvelle fois une intervention de l'empereur au moment des Cent-Jours quand il apprend que

---

[103] *Ibid.*, p. 7.

[104] *Ibid.*, p. 11.

[105] Faivre d'Arcier (A.), *op. cit.*, p. 165.

Napoléon arme une flotte. Il craint que sa destination soit Alexandrie ou Damiette[106].
Il n'est vraiment soulagé qu'en 1815 par la chute et l'exil de Napoléon à Sainte-Hélène.

Dans le même temps, Méhémet Ali a la volonté de rendre l'Égypte de plus en plus distante de la Porte et il lui faut trouver un allié en Occident : La France ou l'Angleterre. Comme nous venons de le voir, les événements ne se prêtent pas à un rapprochement avec la France.
Les consuls français essaient de maintenir des relations de qualité. Le consul Saint Marcel offre au pacha un fusil à double coup fabriqué à Versailles. Cadeau si chiche que Méhémet Ali se plaint à Drovetti du manque de générosité de la France par rapport à l'Angleterre...

En 1811 le pacha est délivré de la menace mamelouke, en 1815, la chute de l'Empire le libère de toute agression française qu'il redoutait par-dessus tout. Il dit avec franchise :

Je n'aime pas cette partie de ma vie ! En quoi le monde profiterait-il du récit de cet interminable tissu, de luttes, de misères, de ruses, de sang répandu, à quoi me contraignirent impérativement les circonstances. Mon histoire ne commence qu'avec la période où libre de toute contrainte, j'ai pu arracher cette terre au sommeil des âges[107]

---

[106] Djabarti, *op. cit.,* t. IX, p. 119.
[107] Douin (G.), *op. cit.*, p. 121.

CHAPITRE V

LES GARDES MAMELOUKES DES DEUX SOUVERAINS

Les deux souverains disposent de gardes mameloukes. Mamelouks circassiens pour Napoléon, mamelouks français pour Méhémet Ali ! Ces gardes d'honneur sont la conséquence la plus inattendue de l'expédition d'Égypte.

Dès le début de l'occupation française en Égypte, le commandement s'est occupé de recruter des supplétifs orientaux. Le 7 septembre 1798, Bonaparte prescrit l'enrôlement de tous les jeunes mamelouks âgés de plus de huit ans et de moins de seize ans abandonnés au Caire par les beys fugitifs. Ces enfants sont dispersés dans les unités comme enfant de troupe ou tambour.
Le corps des mamelouks de l'armée de Napoléon apparaît après la campagne de Syrie. En effet, le cheikh Jacob Habaïby de Saint-Jean-d'Acre ayant pactisé avec les Français et craignant des représailles quand la retraite est annoncée, préfère gagner l'Égypte avec sa garde mamelouke. Avec ces hommes, Napoléon décide de former une compagnie de « janissaires syriens à cheval ». Kléber puis Menou forment des compagnies chacune forte de 95 cavaliers. Le 26 octobre 1800, Menou ajoute deux compagnies pour former le régiment des mamelouks. L'unité est forte de 258 hommes et de 12 officiers répartis en trois compagnies. Le corps des mamelouks rentre avec Menou. Ils sont rassemblés en un escadron sous les ordres de Rapp et réunis en 1804 au régiment des chasseurs à cheval de la garde impériale.

Ils jouissent d'une popularité exceptionnelle à leur arrivée en France[108]. Le plus célèbre d'entre eux est le fameux Roustam[109] qui est au service personnel de l'empereur. La mode parisienne est d'être à la mamelouke avec châle, turban, pendeloques aux oreilles ou en serpent sur les bras.
La mode de la coiffure à la mamelouke dépasse les frontières. Quand Napoléon rencontre après la bataille d'Iéna, la reine Louise de Prusse et la complimente sur sa coiffure à la turque, à la grande surprise de l'empereur, la reine lui répond :

Je vous demande pardon, sire, je suis coiffée à la Roustam[110]

Ils sont casernés à Melun. Ils sont 109 en 1804, 86 en 1808. La guerre d'Espagne les décime : 55 reviennent pour repartir en Russie. En 1813, leur nombre remonte à 250 mais tous les mamelouks ne sont plus des fils d'Orient. Les véritables mamelouks sont remplacés par des soldats français qui sont attirés par ce corps d'élite. Le plus célèbre d'entre eux est le mamelouk Ali de son vrai nom Louis-Etienne Denis[111]. Il entre en 1806 dans ce prestigieux corps et on lui donne le nom d'Ali, nom qui avait été porté avant lui par un mamelouk affecté au service de l'impératrice Joséphine.

---

[108] Savant (J.), *Les mamelouks de Napoléon,* Paris, 1949.
[109] Né en Géorgie à Tiflis en 1782, il est acheté par un marchand de Constantinople et envoyé en Égypte. Racheté par un bey géorgien comme lui, il est recueilli à la mort de celui-ci par le cheikh el Bakri, ami du défunt. Quand Bonaparte cherche de jeunes mamelouks pour son service personnel, Roustam est choisi. Comblé d'honneurs, il abandonne l'empereur et refuse de le suivre à l'île d'Elbe. Il meurt à Dourdan à l'âge de 65 ans.
[110] Savant (J.), *op. cit.*, p. 62.
[111] Né en 1788 à Versailles, il est le fils d'un piqueur aux écuries royales. Il suit l'empereur à Sainte-Hélène et devient tour à tour valet de chambre, intendant des biens de l'empereur dont il établit l'inventaire et assure la conservation et la garde.

En 1815, pendant la terreur blanche, ils sont massacrés à Marseille. Lorsqu'on parla à Méhémet Ali de la toile de Vernet intitulée : *Le massacre des mamelouks*, le pacha répondit :

Le peintre pourra trouver un pendant à son tableau : qu'il retrace l'extermination des mamelouks de Bonaparte à Marseille[112]

Gérard de Nerval retrouve un rescapé lors de son voyage en Égypte :

Mansour avait été mamelouk (...) mais des mamelouks de l'armée française. Ces derniers, comme il me l'apprit, se composaient principalement de Cophtes qui, lors de la retraite de l'expédition d'Égypte avaient servi nos pauvres soldats. Le pauvre Mansour, avec plusieurs de ses camarades, fut jeté à l'eau de Marseille par la populace pour avoir soutenu le parti de l'empereur au retour des Bourbons ; mais en véritable enfant du Nil, il parvint à se sauver à la nage et à gagner un autre point de la côte[113]

Le souvenir de la garde mamelouke de l'empereur est si important que bien des années après sa disparition, Barthélemy et Méry, chantres de l'Empire chantent :

Les pompes de l'Orient embellissent sa cour,
Et, dans le Carrousel, les Mamelouks du Caire
Ornent de leurs turbans sa Garde Consulaire[114]

---

112 Wiet (G.), *Mohammed Ali et les Beaux-Arts,* Le Caire (s.d.), p. 332.
113 Nerval (G.), *Les femmes du Caire,* Paris, 1887, p. 170.
114 Barthélemy et Méry, *Napoléon en Égypte,* Paris, 1827, p. 97.

Au moment même où des mamelouks s'embarquent avec des troupes françaises lors de l'évacuation de l'Égypte en 1801, un certain nombre de soldats français, blessés ou malades, ne peuvent ou ne veulent pas repartir avec Menou.
En 1802, Sébastiani[115] chargé par Napoléon de dresser un tableau du pays après le traité de Paris a également la mission de rencontrer les soldats français pour les convaincre de rentrer. Il se heurte à un refus : les mamelouks français sont nés...
Tous ces soldats perdus qui ont la réputation d'être d'excellents soldats sont immédiatement enrôlés par les beys mamelouks qui en font un corps d'élite comme nous l'avons déjà évoqué dans un chapitre précédent.
Chateaubriand les immortalise :

> *Les Grandes armées laissent toujours après elles quelques traîneurs. La nôtre perdit ainsi deux à trois cents soldats*[116]*, qui restaient éparpillés en Égypte ; ils prirent parti sous les différents beys, et furent renommés par leur bravoure. Tout le monde convenait que si ces déserteurs, au lieu de se diviser entre eux, s'étaient réunis et avaient nommé un bey français, ils se seraient rendus maîtres du pays*[117]

---

[115] Sébastiani (1772-1851) général puis ambassadeur à Constantinople de 1806 à 1808.

[116] Ce chiffre est contredit par Marcel, *op. cit,* p. 5 qui écrit : *Lors du départ de l'armée française, huit cents soldats environ demeurèrent en Égypte. C'étaient des malades, des traîneurs, des maraudeurs qui furent forcés d'embrasser l'islamisme et incorporés dans les mamelouks. La guerre et les maladies les ont décimés, et il n'en reste plus aujourd'hui que cinq ou six qui végètent misérablement.*

[117] Chateaubriand (F.R. de), *Itinéraire de Paris à Jérusalem,* Paris, 1968, p. 382.

La plupart se convertissent à l'islam et adoptent complètement les coutumes du pays. *Les rois de l'exil*[118] avaient :

Adopté, à l'exemple d'Alexandre, les mœurs des peuples conquis. Ils portaient de longues robes de soie, des turbans blancs, de superbes armes. Ils avaient un harem, des esclaves, des chevaux de première race, toutes choses que leurs pères n'ont point en Gascogne ou en Picardie[119]

Et Chateaubriand de poursuivre avec lyrisme :

Ceux-ci étaient Gascons, Languedociens et Picards ; leur chef s'avouait le fils d'un cordonnier de Toulouse. Le second en autorité après lui servait d'interprète à ses camarades ; il savait assez bien le Turc et l'Arabe, et disait toujours en français : J'étions, j'allions, je faisions (…) Nous sommes dans le siècle des merveilles ; chaque Français semble être appelé aujourd'hui à jouer un rôle militaire[120]

Drovetti recevant les pages de Chateaubriand les réunit pour leur en faire lecture.
Nerval quant à lui, rencontre un des derniers survivants, M. Jean :

Pendant de nombreuses années, comme les autres il eut un palais, des femmes, des chevaux, des esclaves, à l'époque de la destruction de cette puissante milice, il fut épargné comme Français ; mais rentré dans la vie civile, ses richesses fondirent en peu de temps et il se fit marchand de vin[121]

[118] *Ibid.*, p. 382.
[119] *Ibid.*, p. 383.
[120] *Ibid.*, p. 382.
[121] Nerval (G.), *op. cit*, p. 95.

Comme nous l'avons vu, les mamelouks français détachés des beys par Matthieu de Lesseps sont mis au service de Méhémet Ali. Ils forment la garde personnelle du pacha commandée par Abdallah de Toulouse[122]. Cette garde lui est toute dévouée. Un jour que Méhémet Ali parcourt la ville, il rencontre un chef d'armée qui l'invite à prendre une tasse de café. Le pacha s'apprête à descendre de cheval quand Abadallah lui touche l'épaule :

Point de café aujourd'hui, si ce n'est à la Citadelle

Méhémet Ali comprend et poursuit sa route. Le café était empoisonné[123].
Les mamelouks français sauvent plusieurs fois le pacha de situation difficile. Quand le 28 octobre 1807, la maison de Méhémet Ali à l'Ezbekiey est assiégée par les Albanais, le pacha décide de transporter son trésor et ses meubles précieux à la Citadelle. Pour sortir de sa maison, il se déguise et se place sous la protection de ses mamelouks français.

C'est sans doute leur fidélité au pacha qui les sauve du massacre de la Citadelle du 1er mars 1811. Quand ils se présentent au banquet que Méhémet Ali avait organisé en l'honneur des beys mamelouks :

Le Vice-roi, lorsqu'ils s'étaient présentés à lui, leur avait reproché d'être venus sans qu'on les mandât ; et sur un ordre du maître, le kiaya-bey s'était empressé de les retenir

[122] De son vrai nom Dureau. Il dispose d'un revenu de 30 à 40 000 piastres qu'il dilapide. Il meurt de la peste en 1816.
[123] De Vaulabelle, *op. cit,* p. 49.

dans une chambre du ministre de la guerre, Mohammed bey[124]

Le fait que les mamelouks français soient épargnés, est mentionné dans de nombreuses sources contemporaines[125].
En 1813, Abdallah de Toulouse n'a plus sous ses ordres qu'une cinquantaine de mamelouks français. Certains ont été tués, d'autres se sont retirés.
Parmi les mamelouks français dont on a gardé la trace, on peut citer : Selim d'Avignon qui succède à la tête de la garde à la mort d'Abdallah de Toulouse, de son vrai nom Combes, Ali Lefranc, capitaine de Murat, Mustapha de Grenoble, François Rosignana alias Youssouf Kâchef qui dirige les fouilles de Drovetti, Pierre Gary, Ismaïl Rachaouan, ancien tambour natif du Lot-et-Garonne, Viet, mamelouk d'Osman Bardissy, Saladin dont on conserve la trace jusqu'en 1812, Lemaire qui meurt en 1802 en protégeant Sébastiani.

Les derniers mamelouks français sont signalés à surveiller une fabrique de salpêtre ou à servir de guide aux voyageurs étrangers. En 1817, l'architecte Pascal Coste note qu'il n'en restait plus qu'une centaine presque invalides, autorisés à servir d'interprètes aux voyageurs européens.

---

[124] Gouin (E.), *op. cit*, p. 213.

[125] Marcel (J.J.), *op. cit*, p. 7 : *Les mamelouks français qui se trouvaient à cette époque dans la capitale, et qu'on n'avait pas les mêmes raisons de redouter, furent les seuls exceptés du massacre d'après les ordres formels du pacha.*

CHAPITRE VI
LES TROIS PILIERS DE LA REGENERATION EN EGYPTE

À la chute du premier Empire, nombre de soldats et de civils préfèrent quitter la France des Bourbons avec la volonté de s'intégrer dans leur pays d'accueil.

Les transfuges de 1815 ont, selon Gérard de Nerval, d'autant plus volontiers adopté la religion et les mœurs des peuples qui leur donnaient asile que la plupart nés pendant la Révolution n'avaient guère connu de culte que celui des théophilanthropes ou de loges maçonniques[126]

Les fortunes de ces hommes sont diverses : certaines fulgurantes, d'autres se soldent par un échec[127].
Méhémet Ali sait les attirer, retenir les meilleurs et les convaincre de le servir avec enthousiasme :

Méhémet Ali est affable, il reçoit avec une distinction inaccoutumée chez les princes d'Orient tous les voyageurs qui lui sont présentés ; il interroge, il discute et se montre surtout avide de connaître ce qui donne à l'Europe, la prépondérance qu'elle a obtenue dans le monde.
Il n'en fallait pas davantage pour séduire, amener à lui les visiteurs de la nouvelle Égypte. Savants, hommes de lettres,

---

[126] Cité par Bélorgey (J.M.), *op. cit.*, p. 155.
[127] Parmi les échecs, on peut citer celui de l'adjudant André Cadeau (Kader Aga). Il fut envoyé par Méhémet Ali pour la pacification de la Haute-Égypte. N'ayant pas fait carrière, il se suicide en 1830.
Voir *Bibliothèque égyptologique* (31), p. 417.

médecins, artistes, instructeurs, il fallait de toutes les spécialités[128]

Ainsi

En 1836, Méhémet Ali disait au divan de Keneh : De tous les Européens qui ont travaillé pour moi trois m'ont rendu de grands services : Soliman pacha (Sève), Cerisy Bey et Clot bey[129]

Soliman pacha et la réforme de l'armée

Dans le domaine de la réforme de l'armée, Méhémet Ali est précédé par le sultan Selim III qui avait créé en 1794 un nouveau corps d'infanterie appelé *Nizam i djedid* (la nouvelle organisation) entraîné à l'européenne par des officiers anglais, français et allemands. En 1802 est introduit en Anatolie, un nouveau système de conscription destinée à améliorer le recrutement et la formation des nouveaux officiers.

En Égypte, dès le départ des Français, les gouverneurs ottomans pensent réformer l'armée sur le modèle français, Husrev pacha est à l'origine de ce mouvement. Il forme une troupe d'esclaves noirs dont l'uniforme ressemble à celui des Français : courtes jaquettes en drap rouge, pantalons en drap bleu, le tout étroit et serré.

Le commandement de ce corps fut confié à un officier, qui enseigna à ces nouvelles recrues les exercices et les manœuvres d'après le système français. Les commandements étaient faits en français[130].

[128] Hamont (N.P.), *op. cit.,* t. I, p. 15.
[129] Marcel (J.J.), *op. cit.,* p. 155.
[130] Djarbati, *Chroniques,* (traduction), Le Caire, 1892, t. VII, p. 112.

Il constitue aussi une compagnie d'esclaves blancs dont il

Conféra le commandement à un officier français qui leur apprenait les exercices militaires et le maniement des fusils[131]

Méhémet Ali trouve en la personne du colonel Sève celui qui est le principal artisan de la réforme de l'armée.
Le colonel Sève[132] (1788-1860) est le fils d'un tondeur de draps. Il entre dans les armées de Napoléon et se couvre de gloire pendant la campagne de Russie où il est officier d'ordonnance du maréchal Ney puis de Grouchy à Waterloo. Il quitte la France pendant la Restauration pour aller offrir ses services au shah de Perse mais il est embauché par Méhémet Ali à l'occasion de son passage au Caire. Le pacha lui donne mission d'entraîner la nouvelle armée égyptienne et lui dit :

Réussis et quelle que soit ton ambition, ma générosité ira au-delà[133]

Sa conversion à l'Islam en juin 1824 est largement commentée à l'époque par les milieux européens. Pour gravir les échelons du commandement, il lui fallait se convertir car aucun chrétien ne peut prétendre atteindre des postes de haute responsabilité dans l'armée.

Ainsi s'il changea de pratique religieuse, il crut qu'il ne changeait pas de Dieu et qu'ayant à choisir, il valait mieux

---

[131] *Ibid.*,

[132] La bibliographie de référence demeure : Vingtrinier (A.), *Soliman pacha,* Paris, 1866.

[133] Planat (J.), *Histoire de la Régénération de l'Égypte*, Paris, 1830, p. 26.

devenir prince en portant un bonnet de mousseline que mendiant en portant un bonnet de feutre[134]

Des contemporains comme Mouriez s'interroge :

M. Seves à l'exemple du général Menou a cru devoir se convertir à la religion de sa patrie adoptive, soit qu'il ait obéi à un point de conviction, soit qu'il ait voulu faire tomber les derniers obstacles qui le séparaient du grade éminent dont il est investi[135]

Quand Pardieu le rencontre en 1849, il estime qu'

Il est fâcheux qu'une apostasie religieuse soit venue ternir ces brillantes qualités. Ce rang de bey, les fonctions d'aide de camp, ne lui suffisaient pas. Il voulait avoir un commandement, ce qui ne pouvait être accordé à un chrétien. Il donna donc sa religion pour un « nicham de pacha » (…) Je doute qu'il soit meilleur musulman qu'il n'a été chrétien[136]

Un voyageur russe Abraham Noroff donne en 1835 un bémol à cette conversion de circonstance :

Il perdit beaucoup de la confiance de Mohammed Ali pour avoir adjuré le christianisme dans un but intéressé. Déçu dans ses espoirs, voyant qu'il n'avait rien gagné à changer de religion, Soliman pacha semble honteux et, comme pour se donner de l'assurance répète souvent : Je vous le dis en bon musulman[137]

---

[134] *Ibid.*, p. 59.
[135] Mouriez (P.), *op. cit.*, chapitre XXIII, p. 241.
[136] Pardieu (Ch.), *Excursion en Orient*, Paris, 1851, p. 41.
[137] Volkoff (O.), *op. cit.*, p. 106.

Hamont dresse un portrait moral de Sève devenu Soliman :

Soliman pacha n'est point un courtisan, il aime la franchise. Il est donné d'un tact très fin et sous l'apparence d'un caractère léger, insouciant, il cache beaucoup de discernement et de perspicacité

Nubar, quant à lui, cisèle en quelques mots le portrait de Soliman pacha :

Un vrai grognard d'humeur, de caractère et de langage

L'Égypte offre à Soliman pacha une existence à son goût. Dès le début de son installation en Égypte, il vit tout à fait à la manière orientale : de nombreux domestiques, de beaux chevaux et une table ouverte à tout le monde qui lui concilie tous les esprits. Il accueille dans son palais du Caire tous ses compatriotes de passage et mène grand train, provoquant quelquefois le scandale.
Sur son tombeau, il fait graver cette épitaphe :

Ci-gît, un illustre prince, qui acquit un rang considérable depuis qu'il vécut dans la voie de l'Islam. Il ne craignit pas sa peine au combat pour augmenter la prospérité de l'Égypte. C'est pourquoi la grâce divine s'écrie : Soliman pacha est dans la splendeur de la miséricorde de Dieu

Sa fidélité au pacha ne fait aucun doute :

Je n'ai jamais aimé que trois hommes, parce que trois hommes seuls m'ont fait du bien : mon père, Napoléon et Méhémet Ali

Le personnage inspire les écrivains. Ainsi Charles Edmond en fait un des héros de son roman *Zéphirin Cazavan en Égypte*[138] : Bitar Youssef. Même si l'auteur prend quelques libertés avec l'histoire de Soliman pacha, on le reconnaît aisément dans ces quelques passages où Bitar-Youssef décrit la campagne de Russie ou de France[139], quand il recueille un artiste saint-simonien Machereau (Gendel dans le roman) ou quand on mentionne son épouse grecque[140].

Les historiens contemporains comme Gouin ont voulu présenter les relations entre Ibrahim pacha et Soliman pacha comme exemplaires. Sabry citant le colonel Duhamel met un bémol à cette vision :

Soliman bey (l'ancien colonel Sève) est un homme d'esprit et un excellent militaire dont la présence lui est extrêmement utile. Cependant, il le tient à distance et ne l'emploie autant qu'il en aurait besoin[141]

Aussi est-il troublant que Charles Edmond puisse mettre des propos très critiques à l'envers d'Ibrahim pacha dans la bouche de Bitar-Youssef (alias Soliman pacha). L'écrivain recueille de nombreux témoignages lors de son voyage en Égypte en 1869 pour l'ouverture du canal de Suez. Il fait dire à Bitar-Youssef :

---

[138] Paris, 1880.
[139] *Ibid.*, p. 215 à 217.
[140] Soliman pacha avait enlevé et épousé pendant la campagne de Morée une Grecque du nom de Sidi Maria. Ils ont quatre enfants, un fils : Iskandar bey et trois filles, Zohra qui épouse le général Mourad pacha, Nazle qui se marie à Chérif pacha et Hosra sans descendance.
[141] Sabry (M.), *op. cit.*, p. 468.

À la bataille de Konieh, j'ai arrêté ainsi sur place trois divisions des meilleures troupes du Sultan. Ibrahim pacha s'attribua toute la gloire de la manœuvre. Entre nous, il n'y avait même pas trempé le bout du doigt. Caché derrière un mamelon, il ne se douta de la victoire que bien après le bouquet final[142]

Cette allusion déplaisante, fort déguisée sur Ibrahim pacha trouve un écho dans le passage d'une lettre du consul Cochelet en 1839 à propos d'une mésentente entre les deux hommes :

Je suppose plutôt que Soliman pacha a quitté l'armée par suite de la mésintelligence qui existe de nouveau entre lui et Ibrahim pacha. J'ai su par M. Cellier qu'il témoignait hautement son mécontentement en disant après la bataille de Nézib, dont le succès lui était dû entièrement, comme l'avait été celui des batailles de Homs et de Koniah, Ibrahim pacha ne lui avait pas adressé des remerciements. Il paraissait décidé à ne plus servir avec lui. Cette ingratitude du généralissime égyptien est d'autant plus extraordinaire, qu'il est bien certain que sans l'habile manœuvre de Soliman pacha, qui a tourné le corps de bataille turc, l'armée égyptienne aurait probablement été battue. Ibrahim pacha, bien au contraire, a failli compromettre une partie de sa cavalerie par une attaque inconsidérée[143]

En 1819, Méhémet Ali souhaite réformer l'armée et ordonne aux troupes de s'exercer et de s'organiser selon les règlements français. Il nomme Sève instructeur qui va

---

[142] Edmond (Ch.), *op. cit.*, p. 218.

[143] Lettre de Cochelet au ministre Affaires Etrangéres du 1er octobre 1839. Correspondance politique. Égypte IX, f° 57-62.

s'adjoindre les services d'autres Français : Daumergue, Cadot et Caisson[144]. *L'École militaire d'infanterie* est créée en 1820 et installée en 1821 en Haute-Égypte. Les militaires français ont bien du mal à faire admettre la discipline et l'entraînement. Les élèves officiers, issus des classes supérieures admettent mal cette rigueur. Sève ouvre près du camp d'entraînement, à Esna, un hôpital militaire dirigé par le médecin Dussap.

Comme les soldats turcs montrent de la réticence à s'entraîner, Méhémet Ali organise une armée formée de paysans égyptiens encadrée par des officiers étrangers et équipée à l'occidentale en 1823.

Le pacha et son entourage suivent les progrès de cette nouvelle armée et apportent leur soutien à Sève. Osman Nurredin, major général de l'armée, traduit lui-même en turc les ordonnances militaires françaises qui servent de base aux futurs officiers.

Comme en France, le cycle d'études comprit le maniement des armes, la discipline du rang, les évolutions très simples du peloton et de la compagnie, le passage de la colonne à la ligne, de la ligne à la colonne[145]

En 1823, Jules Planat observe :

L'armée se forma par régiments de cinq bataillons, chacun de 800 hommes par bataillon ce qui donnait un effectif de 24 000 hommes.

L'organisation des bataillons était calquée sur celle de l'armée française, à cette exception que l'adjudant, sous officier est ici un adjudant de gauche dont la gauche est au-dessus de celui des capitaines et que l'adjudant de droite

---

[144] Général Weygand, *op. cit.,* t. I, p. 161.

[145] Planat (J.), *op. cit.,* p. 70.

(adjudant major) est d'un grade au-dessus de celui là et suivant immédiatement le chef de bataillon[146]

Tout ce qui concourt à soutenir l'amélioration de l'armée est réformé ou créé. Ainsi, au Caire, Gonon[147] organise à la Citadelle un arsenal. Une manufacture d'armes voit le jour en 1823, grâce à un ancien contrôleur de la fabrique de Versailles : Guillemain. Une commission des poudres qui doit rechercher les meilleurs emplacements pour établir des dépôts de poudre est établie. La fondation d'une École vétérinaire dirigée par Hamont doit le jour aux problèmes de l'entretien des chevaux de l'armée. Une école de musique est fondée en 1826, dirigée par un chef français Claude Carré L'une des premières partitions jouées est la *Marseillaise*[148] Une école de cavalerie fondée à Gizeh est dirigée par Varin bey. Elle compte deux escadrons d'élèves et deux de troupes. Lors de la visite de Pardieu à Varin en 1849, il ne reste plus qu'un escadron de deux cent cinquante élèves. Cette école occupe des bâtiments qui ont appartenu à Mourad bey. Au début, les élèves choisissent l'heure de l'exercice pour commencer les prières.

Il fallut toute l'autorité d'Ibrahim pacha pour réformer cet abus, et il fut décidé qu'ils s'arrangeraient pour faire leur namaz, de manière à ce que l'instruction ou le service n'en souffrît pas.

---

146 *Ibid.*, p. 70.

147 *Ibid.*, p. 72. *Il était très protégé par le souverain. De ses mains sortirent la mécanique à forer et à tourner les canons, des fourneaux à réverbère, une fonderie, et d'autres travaux importants. D'abord comblé de présents de Mohamed-Aly, il finit assez mal avec lui pour s'entendre dire : Gonon m'est très précieux mais je ne le reprendrais pas pour tout mon pachalik. Il quitta l'Égypte, et mourut en abordant Livourne.*

148 Hamont (N.P.), *op. cit.*, t. II, p. 167.

Clot-bey et la réforme du système sanitaire

La famille d'Antoine Barthélemy Clot est originaire des environs de Grenoble. Le père de Clot-bey a fait la campagne d'Italie. Clot-bey est né le 5 novembre 1798 et est très tôt attiré par la médecine. Le médecin militaire Sapey lui donne sa première instruction médicale qui lui permet d'obtenir en 1813 à Marseille, une place d'externe. En 1823, il obtient à Montpellier, son titre de docteur en chirurgie. En 1825, il est radié des hôpitaux puis de la faculté de médecine de Marseille pour des raisons obscures. Il est vraisemblable qu'il fut l'objet d'une cabale[149]. Cette circonstance fait qu'il accepte les offres de Tourneau[150], commerçant français au service du pacha, envoyé à Marseille pour recruter des médecins. Clot arrive en 1825 avec vingt autres médecins en Égypte. Ayant guéri Méhémet Ali d'une gastro-entérite, il devient rapidement le médecin privé de celui-ci et gagne sa confiance. Il commence alors son œuvre de réforme sanitaire. Ses services lui valent d'être élevé à la dignité de bey en 1833, puis en 1835 au grade de général. Il entretient des relations amicales avec nombre de Français au service du pacha dont Soliman pacha comme en témoigne ce courrier qu'il lui adresse en 1835 :

Un heureux hasard me fait trouver un nécessaire qui a appartenu au général Kléber. A cet objet se rattache le souvenir d'un des plus grands capitaines de la République française et d'une des plus belles époques de notre gloire nationale. J'ai pensé que ce meuble ne pouvait recevoir de destination plus convenable que celle d'être offert à un général, digne émule de son premier possesseur, et je vous

---

[149] Archives du Ministère des Affaires Etrangères. Correspondance politique. Égypte X, f° 71-74.

[150] Ancien officier de cavalerie.

prie de vouloir bien l'accepter comme un témoignage de sincère attachement de votre bien dévoué

Il est distingué en Europe car le roi Louis-Philippe le fait comte et le pape comte romain. A la mort de Méhémet Ali, il rentre en France en 1849.

Clot-bey, tombé en disgrâce depuis l'avènement d'Abbas Pacha à la vice-royauté, quitte définitivement l'Égypte, après vingt-cinq ans de service. Au reste, le vice-roi lui fait une pension de retraite assez considérable, réversible en partie sur la tête de son fils aîné[151]

Saïd pacha le fait revenir en Égypte en 1856 où il préside à la réouverture de l'École de médecine qui avait périclité à son départ.[152] À cette occasion, Saïd pacha le nomme inspecteur général honoraire du service médical civil et militaire et donne 100 000 francs de dot à chacun de ses enfants[153]. À cette époque, Nerval le rencontre dans un dîner du consul de France où se trouve également Lubert[154] :

---

[151] Pardieu (Ch.), *op. cit.,* p. 21.

[152] A propos de la réouverture de l'Ecole de médecine en 1856 : *L'Ecole de médecine est située sur les bords du Nil, à peu de distance du Caire, dans un lieu vaste et charmant (...) Les élèves sont entretenus aux frais du gouvernement ; ils ont une solde et sont soumis au régime de nos collègues. Des professeurs de mérite, européens et égyptiens, sont chargés de l'enseignement* in Merruau (P.), *op. cit.,* p. 86.

[153] *Ibid.,* p. 212 et 213.

[154] Ancien directeur de l'Opéra de Paris, historiographe de Saïd pacha. Nubar écrit dans ses Mémoires, *op. cit.,* p. 15 : *Lubert bey (...) Ancien directeur de l'opéra sous Charles X, il était venu en Égypte pour y chercher fortune. Il la trouva sous la forme de quatre négresses, et d'une place d'historiographe, dont il fit celles-là un harem et de celle-ci une sinécure.*

Ces deux messieurs ou, si vous voulez ces deux effendis, c'est le titre de tout personnage distingué dans la science, dans les lettres ou dans les fonctions civiles, portaient avec aisance le costume oriental. La plaque étincelante du nichan décorait leur poitrine, et il eût été difficile de les distinguer des musulmans ordinaires. Les cheveux rasés, la barbe et un hâle léger de la peau qu'on acquiert dans les pays chauds, transforment bien vite l'Européen en un Turc très passable[155]

Il meurt à Marseille le 28 août 1868.

Clot-bey décrit dans *Aperçu sur l'Égypte*[156] les différents aspects de son œuvre. Il s'intéresse tout d'abord aux hôpitaux régimentaires et aux grades à donner au système d'avancement et au traitement des officiers de santé. Il codifie leur costume en leur faisant porter le même costume que les officiers mais en remplaçant les épaulettes par un insigne :

On a adopté pour les officiers de santé, le caducée médical formé par le serpent qui entoure une massue et placé entre deux palmes. Le sous aide porte le tout en argent ; les aides ont le serpent en or et le reste en argent ; les majors de deuxième classe ont de plus une palme en or ; les majors de première classe les deux palmes en or ; pour les principaux le caducée est en or ; les inspecteurs particuliers ont le caducée garni de diamants ; les membres du conseil de santé ont de plus une palme en diamants[157]

---

[155] Nerval (G.), *op. cit.*, p. 107.
[156] Paris, 1840.
[157] Clot-bey, *op. cit.*, t. II, p. 402.

Ce service sanitaire des armées est complété par une pharmacie centrale au Caire, chargée de préparer les médicaments pour toutes les armées.
Clot-bey fonde également avec l'appui du pacha l'hôpital d'Abouzabel et y installe une Ecole de médecine en 1827. L'hôpital est construit sur le plan carré parfait qui se termine par une vaste cour, au milieu de laquelle étaient situés les bains, les cuisines, la pharmacie, l'amphithéâtre. Planat nous livre une description de l'agencement de l'hôpital :

Le plan présente un grand carré dont chaque face contient huit salles de quarante malades : ainsi il peut contenir 1280 malades. Les salles sont séparées par de longs corridors bien aérés qui facilitaient la communication intérieure, en isolant les divers genres de maladies[158]

Pour lancer l'Ecole de médecine :

On chercha cent jeunes Arabes lettrés (…) ; on leur donna un uniforme et le titre d'élève de l'école de médecine[159]. *Ces élèves, logés, nourris, vêtus, payés même par l'État, formèrent plutôt un collège, qu'une école dans le sens que nous donnons à ce mot en Europe*[160]

Planat indique que pour vaincre les réticents des religieux, notamment en matière de dissection, on rechercha systématiquement tout ce qui valorisait la médecine dans les Annales arabes[161].
Clot-bey a fait part des nombreuses difficultés qu'il a rencontrées pour faire pratiquer la dissection. Ainsi il a l'idée,

---

[158] Planat (J.), *op. cit.*, p. 96.
[159] *Ibid.*, p. 153.
[160] Clot-bey, *op. cit.*, t. II, p. 411.
[161] Planat (J.), *op. cit.*, p. 98.

d'employer des cadavres d'esclaves non musulmans après s'être assuré de l'assentiment du pacha et des autorités religieuses.

Hamont, non sans raison, pondère les difficultés du médecin du pacha :

Mon rôle d'historien m'obligeant à dire toute la vérité, je dois déclarer que le récit de M. Clot est au moins fort exagéré. Les ulémas ou chefs de la religion ne se sont jamais opposés aux dissections sur les cadavres humains. Méhémet Ali gouvernait en maître absolu lorsque l'établissement d'Abouzabel fut créé, et à cette époque, les cheiks moins que tout autres se seraient bien gardés de contrevenir à la volonté de Méhémet Ali[162]

Au sein de l'hôpital est alors créée une maternité avec à sa tête, une élève de la maternité de Paris, Melle Gault qui est nommée accoucheuse en chef. C'est un véritable exploit de Clot-bey car

Les musulmanes ne pouvant pas recevoir d'enseignement de la part des chrétiens, Clot-bey a l'idée étonnante de former des esclaves abyssiniennes.(...) Plus tard, Muhammed Ali arrivera à faire accepter des étudiantes musulmanes[163]

Dans la foulée est fondée l'École de Pharmacie en 1829.
Clot-bey compte former un médecin pour 3 000 habitants et un pharmacien pour 10 000 habitants[164]. La durée des cours

---

[162] Hamont (N.P.), t. II, p. 91.
[163] Kertenian (R.), *L'œuvre de Clot-bey médecin marseillais* in Toutes les Égyptes, Marseille, 1998, p. 238.
[164] Général Weygand, *op. cit.,* t. I, p. 221.

est de cinq ans. Pour les besoins de l'enseignement[165], il fait traduire 152 ouvrages. Ses élèves sont ensuite attachés au service sanitaire du Caire, d'Alexandrie, de Rosette et de Damiette.
Clot-bey a également à lutter contre les épidémies de peste et de choléra et introduit la vaccination contre la variole. Il combat l'épidémie de choléra en 1831 puis celle de la peste en 1835. En signe de reconnaissance, le pacha le nomme bey, titre qui jusqu'alors n'avait jamais été décerné à un non musulman.
Pariset[166] venu en 1828, à la tête d'une mission médicale envoyée par la France, salue le travail effectué en matière de lutte contre la peste et rend au pacha un rapport élogieux sur Clot-bey. Il encourage Méhémet Ali à installer l'École au Caire, car elle

N'aura jamais qu'une existence précaire tant qu'elle ne sera pas au sein d'une grande ville et qu'elle ne sera pas gratifiée d'une dotation[167]

Le transfert de l'École et de l'hôpital d'Abouzabel aura lieu en 1837 à

[165] Voir l'article d'Anne –Marie Moulin, *L'esprit et la lettre de la modernité égyptienne, l'enseignement médical de Clot-bey,* in La France et l'Égypte à l'époque des vice-rois 1805-1882, Le Caire, 2002.

[166] Pariset (E.) (1770-1847). Secrétaire perpétuel de l'Académie de médecine en 1822, il est chargé d'aller étudier sur les lieux d'épidémies, raison pour laquelle, il se rend en Égypte, foyer de l'épidémie de peste. Il se prononce à son retour pour la contagion ce qui l'engage à une polémique avec les adversaires de cette opinion.

[167] *Mémoires d'A.B. Clot-bey,* Publication de la Bibliothéque privée du roi Farouk Ier, Institut Français d'Archéologie orientale, Le Caire, 1949, p. 104.

Cars-el-Aïn (...) sur l'emplacement même de la ferme d'Ibrahim bey, où les Français, à l'époque de la conquête avaient établi leur hôpital militaire[168]

À l'issue de sa mission, Pariset reçoit de Clot-bey un petit nègre qu'il emmène à Paris, un sabre et un costume turc. Clot-bey se moque du docteur Pariset qui a tenu absolument à recevoir un costume turc qui selon le médecin du pacha ne lui sied pas et le rend ridicule.

En 1832, Clot-bey, ardent propagandiste de l'œuvre du pacha, convaint ce dernier de le laisser partir en France avec douze de ses meilleurs élèves pour leur donner une formation complémentaire en médecine. Ses étudiants sont placés au Val-de-Grâce, à l'Hôtel-Dieu et à la Charité. Le but de ce voyage est aussi bien scientifique que politique. En exhibant ses élèves à travers toute la France, Clot-bey montre l'étendue et la réussite des réformes entreprises en Égypte :

Une véritable campagne de propagande ! Au bout de quinze jours, ils partirent de Lyon où ils visitèrent également l'hôpital. Arrivés à Paris le 13 novembre, ils passèrent admirablement le 18, un examen à l'Académie Royale de Médecine[169]

Clot-Bey et ses élèves font grande impression tout au long de la tournée. Clot-bey revêt le costume turc, tenue rouge et dorée avec des insignes de diamants. Il respecte l'instruction du pacha qui veut que Clot-bey apparaisse aux yeux des Français comme un fonctionnaire du gouvernement égyptien

---

[168] Clot-bey, *op. cit,* t. II, p. 91.
[169] Louca (A.), *Voyageurs et écrivains égyptiens en France au XIXème siècle,* Paris, 1970, p. 47.

et non comme un agent français détaché au service de l'Égypte.
Lors de son second voyage en France en 1840, Clot-bey introduit dans le musée d'histoire du roi Louis-Philippe à Versailles, le portrait du pacha. Comme le roi lui montre un portrait du sultan, Clot-bey lui fait remarquer qu'il manque le portrait du vice-roi et lui offre une miniature du pacha qu'il porte sur lui pour la faire reproduire. Le peintre Couder en fait alors une réplique.
A son retour en Égypte, il organise un service médico-hygiénique dans les provinces.

Les critiques faites à la politique de santé publique de Clot-bey sont nombreuses. Il est d'ailleurs obligé dans son *Aperçu général sur l'Égypte* de répondre à quelques détracteurs dont le rédacteur du Journal de Smyrne avait écrit :

> *L'école d'Abouzabel n'a jamais été qu'une ridicule parade exploitée par un charlatanisme d'une certaine habileté*[170]

Parmi les opposants déterminés à l'œuvre de Clot-bey, on trouve Hamont qui en dresse un tableau négatif dans *L'Égypte sous Méhémet Ali.* Il prend garde pour atténuer des phrases assassines de lui reconnaître quelque mérite :

> *Cette observation, au reste, ne peut diminuer la gloire acquise à M. le docteur Clot, pour avoir, jeté les bases de l'enseignement médical chez les Égyptiens*[171]

Les critiques d'Hamont sont nombreuses : L'instruction n'est pas régulière et ne suit pas l'ordre logique des études de médecine, les élèves sont ignorants :

[170] Cité par Clot-bey, *op. cit.,* t. II, p. 434.
[171] Hamont (N.P.), *op. cit.,* t. II, p. 91.

La presque totalité possède à peine quelques notions très superficielles des matières enseignées dans le courant de l'année[172]

Il accuse même Clot-bey de truquer les examens pour sauver son institution :

Chaque élève de cette série tire un billet roulé sur lequel est écrite une demande que depuis longtemps il connaît, et à laquelle il doit immédiatement répondre[173]

Plus grave encore, Hamont accuse Clot-bey d'avoir eu recours au même procédé lors de l'inspection du docteur Pariset :

Comme les autres années, M. Clot avait donné les questions aux élèves. Et, en effet, le rapport de M. le secrétaire de l'Académie, lève toute incertitude et produit sur l'esprit du grand pacha, une impression toute à l'avantage de l'école de médecine[174]

Aigri par son renvoi d'Égypte, Hamont est exaspéré par le livre que Clot-bey consacre à l'excellence des réformes entreprises dans tous les domaines par le pacha. C'est pourquoi son livre au ton acerbe et volontairement critique répond comme en écho au livre apologique de Clot-bey. Il y a beaucoup d'exagérations et de méchancetés dans ses propos. Il est donc intéressant de lire le témoignage que Merruau, sous Saïd pacha, livre avec un certain recul :

---

[172] *Ibid.*, p. 93.
[173] *Ibid.*, p.100.
[174] *Ibid.*, p. 102.

Certes, des élèves rassemblés un peu au hasard ne pouvaient pas, du premier coup, former des officiers de santé très capables. Tels qu'ils étaient, ils valaient déjà beaucoup mieux sans doute que les opérateurs et les médicastres du pays qui exerçaient avant eux l'art de guérir de la manière la plus barbare. Une telle institution ne pouvait évidemment qu'être défectueuse au début, mais elle avait un grand avenir et méritait qu'on l'encourageât et qu'on en assurât le maintien[175]

Merruau analyse l'entreprise sur ses possibilités de l'inscrire dans la durée. Force est de constater qu'en 1856, quand l'Ecole de médecine est relancée sous Saïd pacha[176], elle dispose de tous les éléments nécessaires pour réussir pleinement. En cela, l'œuvre de Clot-bey est indiscutable même si à la fin de sa vie, le médecin du pacha tempère les enthousiasmes des années 1840 :

Avec quelque réserve, il parle du gouvernement actuel de l'Égypte, on devine qu'il ne partage aucune des illusions qu'on se fait en Europe sur la prétendue régénération de ce pays, et sur l'aptitude des Turcs à s'initier à nôtre civilisation[177]

Il faut toutefois essayer de chercher l'origine de certaines critiques et les limites de l'efficacité du service médical militaire en particulier pendant la campagne de Syrie. Il semble bien que le problème de la langue est à l'origine des résultats controversés de l'école d'Abouzabel car les professeurs enseignent en français et les cours sont traduits de manière plus ou moins exacte. Pour remédier à cela, Clot-bey

---

[175] Merruau (P.), *op. cit.*, p. 85.
[176] Saïd pacha, fils de Méhémet Ali. Il règne de 1854 à 1863.
[177] Poitou (E.), *Un hiver en Égypte,* Paris, 1855, p. 13.

demande à Rifaa at Tathtawi de traduire des livres médicaux de français en arabe et d'établir un dictionnaire français arabe des termes médicaux[178]. Il semble également que les médecins militaires égyptiens aient été insuffisamment préparés à diagnostiquer des maladies telle que la syphilis qui ravageait les armées. Clot-bey écrit tardivement un petit manuel sur la question : *Trésor de la santé.*
Parmi les médecins français du Caire, il nous faut citer tout particulièrement Dussap, jeune officier de santé pendant la campagne d'Égypte qui choisit d'y rester et meurt de la peste en 1835.

Il resta Français de cœur et d'âme et le prouva sans cesse en faisant de chacun de ses compatriotes qui vint le visiter son hôte et son ami[179]

Quelles que soient les critiques et les lacunes, Clot-bey réussit en quinze ans à établir une véritable politique de santé publique. Œuvre considérable, civilisatrice et visionnaire, elle se distingue par sa grande modernité.

Lefébure de Cerisy (1789-1864) et la réforme de la marine

Après des études à l'Ecole Polytechnique, il est nommé en 1817 sous-ingénieur à la direction des constructions navales à Toulon. Sa parenté avec le marquis de Clermont-Tonnerre lui vaut de s'occuper personnellement de la construction de deux frégates de guerre commandées par le pacha en 1824. Ces deux frégates *L'Armide* et le *Scipion* disparaissent à la bataille de Navarin le 20 octobre 1827. Tout naturellement, le pacha pense à lui pour construire un arsenal à Alexandrie. Un

---

[178] Fahmy (H.), *op. cit.*, p. 217.
[179] Voilquin (S.), *Souvenirs d'une fille du peuple,* Paris, 1978, p. 252. Première édition en 1865.

contrat d'engagement est passé le 26 octobre 1828 où Méhémet Ali stipule la mission de Lefébure de Cerisy :

Je veux que vous me peupliez ce port de vaisseaux. Construisez-moi un arsenal qui rivalise avec vos beaux arsenaux de France, d'Italie et d'Angleterre. L'argent ne manquera pas, les hommes non plus et je vous donne un pouvoir absolu et illimité d'agir et de commander : vous ne rendrez compte qu'à moi seul[180]

Le pacha tient parole. Il y aura jusqu'à 5 000 ouvriers sur les chantiers !
Avant l'arrivée de Cerisy, Planat fait le constat suivant :

L'arsenal d'Alexandrie, jusqu'alors dans le désordre ordinaire qui couvre les dilapidations, et exploité par Bellal-aga, sous-gouverneur de la place, fut inspecté par des officiers européens. On mit un peu d'ordre dans le classement des matières ; mais on ne pensa pas à le soumettre à une administration contrôlée[181]

Comme nous l'avons dit, l'arrivée de Cerisy coïncide avec la perte de la première flotte de Méhémet Ali à Navarin. Toute l'escadre construite avant 1827 disparaît en un jour.
La possession d'une flotte de guerre est pour le pacha un moyen d'afficher sa puissance tout en se protégeant efficacement contre toute agression venant de la Méditerranée. Dès 1824, il commande des bâtiments : frégates, corvettes et bricks à Marseille, Bordeaux, Livourne

[180] *Cerisy bey* in Bulletin de l'Institut d'Égypte, t. VII, p. 80.
[181] Planat (J.), *op. cit.*, p. 172.

et Trieste[182]. En 1827, avant le désastre de Navarin, la flotte de guerre compte neuf corvettes, quatre bricks et six goélettes.
Cerisy, à son arrivée à Alexandrie, doit penser à tout. Il choisit un emplacement approprié pour le nouvel arsenal, trace le plan, fait fabriquer des cales et construire tous les bâtiments utiles. Il ouvre une manufacture de toiles à Damiette. En deux ans, il dote Alexandrie d'un arsenal comportant de nombreuses cales, d'un dépôt de munitions navales, d'ateliers de forge, de serrurerie, de fonderie, d'instruments nautiques, de corderie...
A peine arrivé, Cerisy demande sous couvert du pacha au Gouvernement français de lui envoyer des ouvriers des arsenaux de Toulon. Le consul Mimaut dans sa correspondance au ministre écrit :

Il est à observer que, dans le contrat des hommes engagés, on stipulera leur retour en France, au même temps où celui de M. de Cerisy aura lieu[183]

Il joint une liste détaillée des ouvriers requis :

Le contremaître charpentier Reboul
Le contremaître charpentier Mège
Le contremaître charpentier Gensoleng, ancien élève de l'école de maistrance
Le maître perceur Nouveau
Le contremaître des boussoles Hugues
Dix ouvriers charpentiers de première classe, sachant tracer à la salle des gabarits

---

[182] Hanotaux (G.), *op. cit.*, t. VI, p. 83.
[183] A.E–.Correspondance consulaire. Carton Alexandrie 1828-1830 in Douin (G.), *L'Égypte de 1828 à 1830, Correspondance des Consuls de France en Égypte,* Paris, 1935, p. 124.

Six perceurs habiles[184]

L'accord est donné en novembre 1829.

Grâce à la correspondance consulaire, on suit pas à pas le travail de Cerisy qui progresse malgré les inévitables intrigues et rivalité entre les étrangers au service du pacha. Ainsi on lit en juillet 1829, la réflexion suivante :

Les deux pachas[185]*sont enfin persuadés, malgré l'intrigue italienne, maintenant déjouée, que la construction française est la meilleure de toutes. Notre ingénieur, M. de Cerisy, leur a prouvé que les frégates construites à Livourne et à Venise manquent de toutes les qualités militaires*[186]

Clot-bey fait écho des obstacles que doit vaincre Cerisy :

Les ouvriers maltais et livournais prêchaient l'insurrection aux ouvriers de l'arsenal de Toulon, qu'il avait fait venir, la seconde année, pour être à la tête de chaque partie du service. Toutes ces menaces n'intimidèrent pas M. de Cerisy, et les intrigues vinrent échouer successivement contre sa forte volonté et persévérance. Le vice-roi, en homme supérieur en tout, fermait l'oreille à nos ennemis, et ne faisait attention qu'à ses travaux, qui se poursuivaient avec activité[187]

En avril 1830, la marine du pacha comprend :

2 vaisseaux de ligne de 100 pièces de canon, 6 frégates de 60 canons, 7 corvettes de ligne de 18 à 14 coronades, 7 brigs de

---

[184] *Ibid.*, p. 124.
[185] Méhémet Ali et son fils Ibrahim pacha.
[186] Douin (G.), *op. cit.*, p. 133.
[187] Clot-bey, *op. cit.*, t. II, p. 241.

ligne de 18 à 14 caronades, 2 brigs de transport, 4 grands gabarres à 3 mâts, 12 chaloupes garde-côtes, 1 bateau à vapeur, 5 goélettes de 6 à 10 pièces de canon[188]

Certains de ces navires sont sous commandement français :

- La *Beirah* (frégate construite à Marseille) qui a 50 hommes d'équipage est commandée par Besson[189] ;
- *L'Amazone* (corvette construite à Marseille) qui a 200 hommes d'équipage est commandée par Verlac ;
- Une corvette construite à Gênes qui a 200 hommes d'équipage est sous le commandement de M. de Gestin.

À partir ce cette date et malgré le départ de Cerisy[190] en 1835 pour des raisons de santé, l'escadre égyptienne augmente sans cesse.

En 1840, un relevé de l'escadre égyptienne dans le port d'Alexandrie, relevé établi par le consul général de France donne 11 vaisseaux de 100 à 80 canons, 5 frégates, 5 corvettes, 6 bricks, 2 cutters, 3 bateaux à vapeur[191]

Clot bey résume l'impression des contemporains :

La rapidité féerique avec laquelle arsenal et escadre ont été créés, a quelque chose qui frappe l'imagination et révèle la toute puissance du génie[192]

---

188 A.E – Correspondance politique, Égypte II fos 17-19, *Ibid.,* p. 226.

189 Besson est un marin de Napoléon Ier qui tente de le sauver après Waterloo en lui proposant de le faire évader de Rochefort. Chassé de la Marine Royale pour cette raison, il passe au service de Méhémet Ali. Voir l'étude de Garreau (R.), *Besson-bey,* Antibes, 1949.

190 Son successeur est un Français : Henry.

191 Hanotaux (G.), *op. cit.*, t. VI, p. 85.

192 *Ibid.,* p. 91.

CHAPITRE VII
LA MISSION BOYER

Méhémet Ali poursuit sa réforme des armées en recrutant de nouveaux instructeurs en 1824. Suivant son habitude, il ne passe pas par les circuits officiels mais préfère envoyer le fidèle Tourneau, négociant marseillais installé à Alexandrie, pour trouver de nouveaux cadres.

A Paris, Tourneau rencontre d'anciens officiers ayant servi en Égypte, *les Égyptiens.* L'émissaire du pacha recrute Boyer[193]. Une ordonnance de Charles X, datée du 6 octobre 1824, l'autorise ainsi que les officiers qui l'accompagnent à se mettre au service du pacha tout en conservant leurs droits civils.

Planat indique :

> *Il passa un contrat de cinq ans aux termes duquel il s'engageait, pendant ce temps, à organiser les troupes égyptiennes*[194]

Boyer arrive en Égypte en novembre 1824 accompagné

- du colonel Gaudin[195],
- des frères de Tarlé[196],
- du lieutenant Ledieu,
- de Jameville-Pujol,

---

[193] Pierre-François Boyer (1772-1851) ancien commandant du Fayoum. Napoléon le fait général et baron d'Empire. Il est classé disponible en 1820. Sa rigueur lui vaut le surnom de *Pierre le Cruel.*

[194] Planat (J.), *op. cit.,* p. 66.

[195] Il avait commandé le 27ème de ligne au Portugal.

[196] Réformés en raison de leur hostilité aux Bourbons.

- - de Duvignault[197].

Boyer porte essentiellement ses efforts sur la formation des nouveaux régiments d'infanterie et sur l'organisation du haut commandement. Il forme rapidement les renforts demandés par Ibrahim pacha pendant la campagne de Morée. En trois mois, les 7e, 8e, 9e régiments sont formés. Boyer, forme certes l'armée égyptienne, mais dans le même temps, sert d'agent de renseignements pour des opérations futures. La reconquête de l'Égypte sous le règne du roi Charles X semble toujours à l'ordre du jour[198] !
Boyer met fin à son contrat en 1826 à la suite d'une intrigue dont il fut la victime en étant désavoué par le pacha. Cette histoire est révélatrice du climat dans lequel évoluent ces officiers.

La plupart des historiens commandités au milieu des années cinquante omettent les écueils rencontrés par ces hommes. Ils nous livrent une histoire glorieuse sans aspérité. La lecture de récits contemporains donne un tout autre éclairage.
Boyer tout en ne ménageant pas ses louanges au pacha :

Un seul homme n'est plus ici ni le compatriote, ni le contemporain des siens : c'est Méhémet Ali. Mais il est aussi le seul qui veuille civiliser l'Égypte

Il est en revanche beaucoup plus critique quand il s'agit de l'entourage du pacha :

---

[197] Chirurgien des armées.
[198] Samir Saul et Jacques Thobie, *op. cit.,* p. 195.

Je donne ici des conseils conformément à l'ordonnance, et rien de plus, et les autorités turques font le reste. Pas un peuple sur la terre n'est plus méfiant, plus ignorant, plus orgueilleux, plus féroce, plus découragé que le Turc[199]

A l'unisson, Planat écrit :

L'apparition des officiers français en Égypte produisit du mécontentement parmi les étrangers employés dans les troupes égyptiennes[200]*. Il se forma une cabale sous l'influence de quelques intrigants dont les prérogatives se trouvaient menacées : c'était ce qu'on appelait s'opposer au système français*[201]

Hamont, tout aigri qu'il est, loue les efforts du pacha tout en soulignant que ses efforts sont réduits à néant par son entourage turc et arménien. Il s'en prend tout particulièrement à Boghos bey qu'il n'épargne pas :

Homme sans parole qui a dressé des autels au mensonge et à la dissimulation[202]

On déconsidère les officiers supérieurs proches du pacha, des sévices corporels sont administrés aux autres pour les éloigner, les décourager et provoquer leur départ anticipé :

---

[199] Cité dans l'article de Samir Paul et Jacques Thobie, *Les militaires français en Égypte des années 1820 aux années 1860,* in *La France et l'Égypte à l'époque des vice-rois, op. cit.,* p. 181.

[200] Il fait allusion aux Turcs.

[201] Planat (J.), *op. cit.,* p. 73.

[202] Hamont (N.P.), *op. cit,* t .I, p. 439.

Des Européens au service de Méhémet Ali furent battus par des Turcs. Tandis que le général Boyer se trouvait en Égypte, M. P..., pharmacien à l'État-major de Kanka fut saisi, couché sur le ventre et reçut des coups de fouet, M. Del.., médecin en chef, fut frappé également sur ordre d'un parent du vice-roi[203]

Seul Soliman pacha résiste et surmonte les obstacles ; cela est du en partie à sa conversion à l'Islam.

Il convient également, pour montrer les réussites et les limites de l'intégration de ces soldats, d'établir une comparaison avec les armées ottomanes pour lesquelles on a eu recours aussi à des Européens. Au moment des affrontements entre l'Égypte et la Porte, les armées égyptiennes montrent une large supériorité sur le terrain. Le pacha a fait appel à Sève et le sultan à Helmuth von Moltke. La différence vient du fait que le sultan n'intègre pas les Occidentaux dans ses armées. Ils n'ont que des fonctions de conseiller. Méhémet Ali, au contraire, les nomme officiers, y compris à des postes de commandement, les récompense généreusement. Il s'attache ainsi leur fidélité[204]. Il faut toutefois noter qu'une différence notable existe dans les traitements entre ceux qui ont été recrutés sur instruction du pacha et ceux qui ont tenté leur chance :

Rien n'est rebuté ici comme les officiers qui s'y rendent de leur plein gré. On pense que la misère les a forcés à venir tendre la main au pacha. Voilà pourquoi on leur offre que ce l'on veut[205]

---

[203] *Ibid.*, p. 271.

[204] Fahmy (K.), *op. cit.*, p. 271.

[205] Boyer au Caire à Belliard cité dans Douin (G.), *op. cit.*, p. 52 et 53.

Malgré toutes les embûches et des motivations diverses, une armée puissante et organisée selon des préceptes modernes est mise en place. Elle est, comme on le verra, un instrument non négligeable pour les ambitions à moyen et à long terme du pacha.

CHAPITRE VIII
PASCAL COSTE
(1787-1878)
ARCHITECTE AU SERVICE DE SON ALTESSE LE VICE ROI D'EGYPTE

Natif de Marseille, Coste reçoit ses premières leçons de dessin et d'architecture d'un élève de Ledoux et termine ses études auprès de Percier et Fontaine, les architectes de Napoléon Ier. Il est recruté en 1817 comme architecte par Méhémet Ali grâce à son ami Jomard, le correspondant culturel du pacha en France. En janvier 1818, il arrive au Caire et présenté au pacha dans son palais de la Citadelle par Boghos bey. Comme à son habitude, Méhémet Ali est fort affable :

S.A. me fit un accueil bienveillant, m'invita à m'asseoir sur le divan, où l'on servit le café et la pipe, signe de déférence, et en exprimant le plaisir qu'elle avait de recevoir les Français qui voulaient bien l'aider dans ses projets de réformes[206]

Dans un acte daté de septembre 1821, Coste s'intitule : *architecte au service de son Altesse le Vice-roi d'Égypte.*

A la suite d'une piqûre de scorpion, sa santé se dégrade et Clot-bey lui conseille de regagner la France, ce qu'il fait le 7 novembre 1827. Il publie alors un ouvrage de 76 de ses dessins et relevés : *Architecture arabe et monuments du Caire* en 1837 lui assure une grande notoriété. Ses dessins de

---

[206] *Mémoires de Pascal Coste* cités dans *Pascal Coste, Toutes les Égypte,* Marseille, 1998, p. 34.

relevés de mosquées lui valent des prix aux salons de 1831, 1833 et 1835[207].
L'œuvre de Pascal Coste est considérable. Il travaille dans tous les domaines. Il est à la fois ingénieur et architecte.

Il se livre en Basse-Égypte, à ses débuts, à des travaux de génie civil : construction d'une usine de salpêtre, d'une poudrière sur l'île de Rodah, établissement d'une ligne de télégraphe aérien entre Alexandrie et Le Caire.
Sa plus grande œuvre dans ce domaine est sans conteste le canal de Mahmoudieh qui le passionne. Le pacha souhaite dès 1817 faire rouvrir l'ancien canal qui allait de Ramanieh à Aboukir afin de favoriser le commerce. Les travaux commencent mais faute d'un responsable compétent, ils traînent. En 1818, Coste est appelé à diriger le chantier et installe son campement au pied de la colonne de Pompée à Alexandrie. Il doit faire face à une terrible épidémie de peste puis à une véritable hécatombe d'ouvriers. Pendant l'hiver 1818-1819, 6 900 hommes trouvent la mort. Les importantes pertes humaines pour la réalisation de ce canal ont souvent jeté un discrédit sur l'œuvre considérable d'aménagement du nord du pays. Il est ouvert à la navigation en décembre 1819.

Il travaille pour les palais du pacha au Caire et à Alexandrie. À la Citadelle du Caire, le palais du vice-roi est détruit par un incendie en mars 1824. Coste est alors mandaté pour :

Le projet d'un palais réunissant son palais-divan et les deux ministères, celui de l'intérieur et celui des finances, avec leurs dépendances, à construire dans la citadelle du Caire,

---

[207] Jacobi (D.), *Pascal Coste, une décennie en Égypte, 1817-1827* in La France et l'Égypte à l'époque des vice-rois, *op. cit.*, p. 117.

en remplacement des anciens bâtiments mal distribués et en partie délabrés[208]

Le palais de la Citadelle est un véritable palais à l'occidentale, à l'ordonnance versaillaise : grande esplanade devant la résidence, escaliers monumentaux qui desservent des pièces d'apparat en enfilade. Les pièces se commandent, les salles sont de hautes proportions, les fenêtres rectangulaires multiples. La seule demande faite à Coste est de séparer les appartements du pacha de ceux de ses femmes. Les pièces les plus fameuses sont le divan et les bains.

La grande réalisation de Coste pour le pacha reste le nymphée du palais de Choubra. L'architecte nous livre les ordres du pacha :

Le pacha voulait faire un petit Versailles, avec bosquets, labyrinthe, hippodrome, grande pièce d'eau entourée de galeries, avec quatre pavillons divan ; d'une chapelle mosquée et de grandes allées bordées d'arbres. Je lui soumis ce projet en même temps que celui de la Citadelle, mais les intrigues des architectes turcs et arméniens s'emparèrent de mes projets et ils n'exécutèrent que le grand bassin, avec galerie divan, au jardin de Choubra, et dénaturèrent mes plans[209]

L'ensemble emprunte à Trianon par sa colonnade et sa rigueur dans le plan général. Les quatre pavillons d'angle utilisent aussi bien à l'Occident qu'à l'Orient son registre décoratif : La salle à manger est décorée de peintures dont le dessin provient des planches de la description d'Égypte, la salle de billard possède une ruine à la façon d'Hubert Robert

---

[208] Wiet (G.), *Mohammed Ali et les Beaux Arts,* Le Caire, s.d. p. 108.
[209] Cité par Wiet (G.), *Ibid.,* p. 134.

tandis que les deux autres pavillons sont ornés d'arabesques ou de motifs ottomans.
La pièce d'eau au centre est bien dans le goût versaillais par l'agencement de ses buissons d'eau. Des lions et des crocodiles en marbre, placés aux coins du bassin lancent de l'eau tandis que le plus grand jet se trouve au centre. Le bassin est assez profond pour permettre à de petites barques de naviguer.
Le palais, à la mort du pacha, échoie à l'un de ses fils Halim pacha qui le gardera jusqu'à son expulsion d'Égypte sous le règne khédive Ismaïl.

Au palais de Ras el Tin, il construit un petit pavillon largement ouvert sur la mer où le pacha donne ses audiences. Beaucoup de voyageurs et de diplomates en donnent une description : une grande salle percée de fenêtres donnant sur la mer, bordée sur trois côtés d'un large divan rouge. Les angles sont réservés aux places d'honneur et sont distinguées par un coussin de soie cramoisie et dorée.

Coste est également chargé de proposer un dessin pour une mosquée devant abriter la dépouille du pacha à la Citadelle du Caire. En effet, un espace avait été libéré après la destruction sur ordre du pacha du divan de Saladin. Pascal Coste décide de visiter les monuments religieux de la capitale pour livrer au pacha un projet prenant en compte le contexte artistique du Caire afin de le placer dans le répertoire architectural traditionnel du Caire. Pour faire une étude approfondie des édifices religieux et pour pouvoir travailler sans contraintes, Coste demande au pacha de lui délivrer un document lui permettant de visiter les moquées :

Il fit aussitôt rédiger un firman, sur lequel, il avait apposé son cachet, dans lequel ordre était prescrit à tous les chefs de mosquées, de me laisser circuler, mesurer et dessiner à l'intérieur comme à l'extérieur de ces monuments, et de me donner protection à l'encontre de ceux qui s'y opposeraient[210]

Il livre 76 dessins de toutes les mosquées les plus fameuses du Caire : mosquée d'Ibn Touloun, mosquée d'Hassan, mosquée de Sinan et de Qulawun. Pour celle d'El Azhar que Méhémet Ali avait demandé d'éviter à son architecte, Coste emploie la ruse :

Il me vint l'idée d'aller faire une visite au directeur chef de cette mosquée universitaire. Il me reçut d'une manière cordiale en me faisant servir la pipe et le café. Je lui dis que le pacha m'avait chargé de venir reconnaître le mauvais état du dallage de la mosquée et des salles servant aux études, afin de pouvoir les remplacer. Il accueillit avec satisfaction le bon vouloir du pacha pour sa mosquée. Comme les dalles des salles d'étude étaient recouvertes de tapis ou de nattes, je les fis enlever, et je pus par ce moyen, mesurer toutes les parties de l'ensemble du monument, faire une vue intérieure de la cour et autres détails, sans être inquiété par les étudiants. Le directeur attend encore le redallage. J'eus l'occasion d'en faire part à Méhémet Aly, qui ne put s'empêcher de rire[211].

En 1825, il propose au pacha des esquisses qui ne plaisent pas au vice-roi car faisant trop d'emprunts à l'architecture locale. Plus tard, Méhémet Ali se fait construire une mosquée sinanienne plus proche de ses goûts profondément ottomans.

---

210 *Pascal Coste, Toutes les Égypte, op. cit.*, p. 99.
211 *Ibid.*, p. 107.

Son œuvre ne se limite pas à ces réalisations. Ils forment de jeunes Égyptiens au métier d'architecte. En costume turc, il arpente le pays en compagnie d'un mamelouk traducteur et d'une poignée d'élèves.

Je faisais toujours mes courses avec mes élèves et mes instruments[212]

Il fut sans doute par cet apprentissage à l'origine de l'Ecole Polytechnique créée après son départ.

[212] *Pascal Coste, Toutes les Égypte, op. cit.,* p. 79.

CHAPITRE IX
LES AUTRES FRANÇAIS AU SERVICE DU PACHA

Parmi les autres français au service du pacha, une mention particulière doit être faîte à Jumel et à Caillaud.

Louis-Alexis Jumel (1785-1823). Il fait son apprentissage à Lyon où il est reçu ouvrier. Il part ensuite en Savoie travailler dans une filature, et devient le contremaître après quelques années. Jumel quitte Annecy en 1816 et on le trouve au début de l'année 1817 à la Cluse, à la tête d'un grand établissement de filature, tissage et construction d'appareils mécaniques. On le retrouve en Égypte en 1817.
Il devient le directeur des filatures du Caire après avoir

Eté le premier à faire voir la filature au Pacha, malgré que Morel d'Annecy et un autre qui est ici depuis longtemps travaillaient pour le même objet : ceci m'a donné toute la confiance de Son Altesse, et je dirige la construction d'un bel établissement qui, dans quelques mois, sera en pleine activité[213]

L'usine est à Boulaq. Jumel souhaite améliorer la production en n'étant pas tributaire du coton américain. Ainsi, dès 1819, il recherche la meilleure espèce de coton pour l'Égypte et la trouve dans le jardin de Maho-bey :

[213] Lettre citée in *Documentation sur le Jumel*, Belfort, 1942, p. 19.

Vers 1820 (...) un derviche de retour du Soudan, laissa à Maho-bey, un des compagnons de Mohammed Aly, en souvenir de l'hospitalité qu'il en avait reçue, quelques graines qu'il avait rapportées de ses voyages. Maho-bey, en vrai Turc amateur de jardinage, les planta dans son jardin qui existe encore sur la route de Choubrah ; elles germèrent et, cinq ou six mois après, donnèrent une fibre que Jumel, un Français au service De Mohammed-Aly, reconnut pour du coton de qualité supérieure[214]

Il constate le succès des récoltes des années 1821, 1822 et 1823. Il meurt au Caire le 17 juin 1833.

Frédéric Cailliaud (1787-1869). Né à Nantes, il est le fils d'un maître serrurier. Il fait l'apprentissage du métier de bijoutier. Il exerce pendant un temps son métier à Paris autour de 1809 et s'inscrit aux cours de minéralogie du Muséum d'Histoire Naturelle. À partir de 1813, il visite Rome, Naples et Herculanum. On le retrouve en 1814 à Constantinople où il est engagé à la cour du sultan pour l'exécution de travaux de joaillerie. Grâce au pécule amassé, il part pour l'Égypte.

À Alexandrie, il rencontre Drovetti qui connaît la passion de Cailliaud pour les antiquités et voit en lui un concurrent. Ils effectuent ensemble un premier voyage jusqu'à la seconde cataracte. De retour au Caire, Drovetti le présente au pacha qui le nomme minéralogiste officiel. Il a pour mission d'explorer des zones de la mer Rouge pour y retrouver des mines d'émeraude. En 1818, il rapporte au pacha dix livres d'émeraudes. Il rentre en France en 1819 après une incursion dans l'oasis de Khargeh d'où il rapporte des antiquités. En 1820, il repart en Égypte mais cette fois ci, mandaté par le

---

[214] *Mémoires de Nubar pacha, op. cit.*, p. 60.

Gouvernement pour acheter des antiquités. Un aspirant de marine, Pierre-Constant Letorzec est mis à sa disposition. Drovetti convaint le fils du pacha, Ismaïl pacha, qui part en campagne au Soudan de prendre Cailliaud pour découvrir des mines d'or. L'expédition pour le Français faillit se terminer à Assouan car il est accusé de vouloir faire des découvertes pour son propre compte. Après bien des difficultés et avec de nouvelles autorisations de Méhémet Ali, Ismaïl pacha admet Cailliaud et son adjoint à participer à l'expédition le 18 février 1821. Costumés en turc et sous des noms d'emprunt : Mourad effendi pour Cailliaud et Abdallah el Faquir pour Letorzec, ils progressent parmi les troupes le long du Nil bleu en juin 1821. Après le repli des troupes d'Ismaïl pacha en février 1822, les deux Français partent seuls à l'aventure et rentrent à Louxor en juillet 1822. Au cours de ces deux ans d'exploration, Cailliaud a visité les anciennes cités du royaume de Kouch et est le premier à atteindre Méroé. Il en rapporte des dessins d'une remarquable précision. Letorzec a pris suffisamment d'informations pour compléter la carte de l'Égypte.

Pierre-Nicolas Hamont (1805-1848) arrive en Égypte grâce au pacha qui avait demandé au gouvernement français deux médecins vétérinaires pour fonder en Égypte une Ecole vétérinaire. Il est désigné ainsi qu'un certain Prétot qui quittera l'Égypte assez rapidement pour des raisons de santé. Ils arrivent en octobre 1828 après la bataille de Navarin. Ils s'installent à Rosette car le pacha leur désigne ce lieu comme étant l'endroit où se trouvent le plus grand nombre de troupeaux décimés par des épidémies chaque année. Très rapidement on leur envoie des élèves et la première école voit le jour. Des cours sont dispensés par le truchement d'un traducteur.

Mauvaise volonté, paresse, lenteur de l'interprète. Il ne comprend pas les expressions techniques, et rend mal les pensées du professeur, les fonctions de traducteur l'ennuient ; il intrigue contre nous auprès du gouverneur[215]

Il incite les élèves à la révolte et la situation se dégrade rapidement.

Des rapports parviennent au pacha dépréciant le travail des deux Français car la science vétérinaire n'est pas reconnue. Ils se heurtent à bien des réticences. Le gouverneur de Tantah leur dit :

Vous autres Européens, vous n'avez pas foi dans la Providence. Tout est prévu cependant, tout est écrit, et si, par exemple, il existe dans ce moment une mortalité sur les troupeaux, cette mortalité est une punition de Dieu. Prétendez vous l'arrêter[216] *?*

Hamont est alors convoqué avec ses élèves au Caire pour qu'Ibrahim pacha statue sur son cas. Ce dernier doute également des capacités de Hamont. Faute de quoi et pour trancher définitivement le problème, il ordonne qu'on installe Hamont à Abouzabel, non loin de l'hôpital de Clot-bey, pour qu'il soigne les chevaux de l'armée :

Nous verrons si réellement vous pouvez mieux que les indigènes, guérir les maux qui atteignent les animaux domestiques[217]

Hamont organise alors une véritable École vétérinaire en prenant l'appui des Européens influents et de tous ceux qui

---

[215] Hamont (N.P.), *op. cit.*, t. II, p. 127.
[216] *Ibid.*, p. 128.
[217] *Ibid.*, p. 137.

sont bien en cour. Un hôpital est créé pour 140 chevaux, des salles de dissection sont installées ainsi que des dortoirs, des réfectoires, des logements pour les différents employés supérieurs. Une chaire en langue française voit le jour.
Les rapports transmis étant désormais favorables, l'école bénéficie de moyens étendus. Les succès entraînent de nombreuses intrigues dont Hamont se fait largement l'écho.

Si, d'un côté, des médecins européens réunis en conseil entravent nos opérations, les Turcs, dont j'ai dévoilé les pratiques secrètes, reprennent leur position première, et font élever de nouveaux doutes sur l'utilité des médecins vétérinaires à l'européenne[218].

Hamont arrive à convaincre le pacha de la nécessité d'attacher un médecin vétérinaire d'Abouzabel à chaque régiment qui a le même rang que le médecin militaire.
La raison du départ d'Égypte de Hamont, s'il faut croire Clot-bey, est due à beaucoup d'indélicatesses de la part du vétérinaire qui provoqua son renvoi :

Sa qualité de Français le mit à l'abri des lois turques et l'on ne crut pas devoir engager une procédure pour demander l'application du Code français contre des faits de concussion et autres[219]

Si l'on croit toujours Clot-bey, la haine que lui porte Hamont le pousse après son renvoi, à attenter à ses jours ce qui lui vaut à la suite de l'enquête du consul de France quarante jours d'incarcération avant son départ d'Égypte[220].

---

[218] *Ibid.*, p. 148.
[219] *Mémoires d'A.B. Clot-bey, op. cit.*, p. 110.
[220] *Ibid.*

Soliman pacha, Clot-bey et Cerisy-bey sont le plus régulièrement cités dans les correspondances consulaires car jugés les plus importantes pour l'influence française en Égypte. De même tous les collaborateurs de ces trois hommes font l'objet de toutes les attentions dans les missives diplomatiques.
Dans les années 1830, les Français au service du pacha sont à peu près soixante-dix. Ils dépassent ce chiffre plus tard. Les Italiens semblent beaucoup moins nombreux et on ne les trouve pas à des postes de responsabilité. Les Espagnols sont cinq ou six, les Anglais à peu près autant[221].
Prisse d'Avenne juge cet apport d'étrangers avec une remarquable sévérité :

Ces étrangers chrétiens ou musulmans, préférés sans cesse à la race arabe, et enrichis à ses dépens, sont détestés de la nation, qu'ils ont néanmoins servie ; et les institutions qui devaient renouveler la face du pays, et lui donner dans le monde politique une place honorable, sont devenues odieuses à ceux mêmes dont elles pouvaient être l'orgueil[222].

Avec la même gravité, l'opinion de Jacques Tagher, historien égyptien des années 1950 reprend le thème en le limitant à l'apport français :

Quand Poujoulat[223] *écrit que tout ce qui s'est accompli en Égypte sous Mohamed Ali l'a été par des Français ou bien que l'Égypte nouvelle a été l'œuvre d'une puissante volonté, secondée par le génie de la France, il omet de dire que les*

[221] Hanotaux (G.), *op. cit.,* t. VI, p. 91.
[222] Prisse d'Avenne (P.), *L'Égypte sous la domination de Mohamed Ali,* 1847, p. 54.
[223] Contemporain français de Méhémet Ali.

Français engagés par le Pacha ne furent pas tous de bons serviteurs et que la France a souvent négligé le Souverain qui avait placé son espoir en elle[224]

Ces critiques sont sévères et ne prennent pas en compte ce que le pacha pensait de ces apports extérieurs. En homme pragmatique et lucide, il fait le tri parmi tous ceux qui veulent le servir :

Il est d'eux comme des diamants bruts, qu'il faut acheter en bloc et d'estime. A l'usage, on reconnaît que bon nombre ne valent rien et ne sont bons qu'à jeter ; mais on finit toujours par trouver dans le tas une pierre de valeur qui vous paye au centuple de vos débours.

Sève, Clot et Cerisy sont ses trois diamants. Il y a eu certes beaucoup d'aventuriers, d'hommes sans scrupules qui ne visent qu'un enrichissement rapide mais combien de Français, connus ou inconnus, ont servi fidèlement une cause, un idéal et un souverain pour faire revivre soit les espoirs de leur jeunesse, soit pour expérimenter de nouvelles théories. Hamont et d'autres obligés de partir pour de multiples raisons, critiquant de manière générale le pacha par dépit, ne peuvent s'empêcher toutefois de louer les reformes auxquelles ils ont contribué et de lui rendre hommage. Sans tomber dans l'image d'Epinal, et dans un lyrisme cocardier, l'apport des Français dans la formation de l'Égypte de Méhémet Ali est fondamental. La plupart dépendent de lui car ils sont des agents de l'État égyptien. Un Soliman pacha ne peut plus espérer faire carrière ailleurs qu'en Égypte. Ils sont également le relais voire la caution de l'œuvre du pacha en Égypte.

---

[224] Tagher (J.), *Mohamed Ali jugé par les Européens de son temps,* Le Caire, 1952, p. 77 et 78.

CHAPITRE X
LA FAMILLE DU PACHA

De ses affections de famille, Méhémet Ali est tendre ; il aime beaucoup ses enfants[225]

Dans le livre d'or de la famille royale, il est indiqué que le vice-roi a eu 17 fils et 12 filles[226]. Beaucoup d'entre eux décèdent en bas âge. Nous évoquerons simplement ceux qui ont joué un rôle dans l'histoire de l'Égypte.
Parmi ses fils, Ibrahim pacha, Toussoun, pacha, Saïd pacha et Halim pacha jouent un rôle politique. Abbas pacha, fils de Toussoun pacha, est son seul petit-fils à occuper des postes importants de son vivant.

Ibrahim pacha (1789-1848) qui seconde son père durant toute la durée de son règne ne partage pas toutes ses vues sur le gouvernement de l'Égypte. Au-delà des louanges de circonstance, un portrait plus contrasté apparaît à la lecture des contemporains.
Marcel dépeint son physique sans complaisance :

Aucune de ses habitudes corporelles ne vient compenser ce qui manque de noblesse ou de beauté dans sa figure ou dans ses formes ; il est toujours mal vêtu, ce qui complète un extérieur assez disgracieux (...) Il a beaucoup d'embonpoint...[227]

Au moral :

---

[225] Hamont (N.P.), *op. cit.*, t. I, p. 439.
[226] Voir dans les annexes la liste complète.
[227] Marcel (J.J.), *op. cit.*, p. 37.

Le prince est très irritable et fort emporté (...) Il est capricieux, obstiné, méfiant et vindicatif au-delà de toute expression[228]

Ces traits de caractère sont confirmés par l'anecdote rapportée par un voyageur russe Oumanetz en 1842 :

Lors d'une partie d'échecs entre Ibrahim pacha et un notable, une discussion éclata. Le notable ne voulut pas céder et, peut-être, se permit une expression déplacée. Sortant un pistolet, Ibrahim pacha le tua sur le champ[229].

Ibrahim pacha est connu pour son avarice et son sens des affaires, notamment dans le domaine des fournitures militaires :

Son avarice est incomparable et sa rapacité dépasse de beaucoup l'âpreté de son père. Sans parler du trafic méprisable et souvent odieux qu'il a fait en campagne et fait encore durant la paix avec les vêtements et les vivres de ses soldats[230]

Ibrahim pacha est avare (...). En Syrie, il avait en caisse de très fortes sommes, et cependant, il laissait les soldats sans argent, sans pain, sans vêtements[231]

Le généralissime dont l'avarice est passée en proverbe[232]

Son goût pour l'agriculture est bien connu :

---

[228] *Ibid.*

[229] Volkoff (O), *op. cit.,* p. 147.

[230] Marcel (J.J.), *op. cit.,* p. 37.

[231] Hamont (N.P.) *op. cit.,* t. II, p. 49.

[232] *Ibid.,* t. I, p. 186.

Ibrahim pacha s'adonne à l'économie rurale, il s'y livre avec plaisir, et décidément on peut dire qu'il aide l'agriculture[233]

Les historiens égyptiens de Sabry à nos jours « s'approprient » Ibrahim pacha et en font « le premier égyptien » de la dynastie. Il est vrai que par ses déclarations, il s'affirme égyptien et peut être considéré comme le père du panarabisme.

Je ne suis pas Turc, je suis venu tout enfant en Égypte, et depuis l'Égypte a changé mon sang et je suis complètement arabe[234]

Les diplomates ne se trompent pas en écrivant dans leurs rapports :

Venu en Égypte très jeune, il se regarde comme de ce pays, il paraît se faire Arabe[235]

Il arrive en Égypte à l'âge de dix-sept ans en 1805, époque où il est nommé gouverneur de la Citadelle. On sait qu'il parle trois langues : l'arabe, le turc et le persan mais qu'il s'exprime de préférence en arabe. Ceci explique le portrait plein d'éloges que dresse Sabry :

Ibrahim était Égyptien, il avait cette supériorité sur son père de poursuivre le réalisation d'une idée fixe : l'indépendance de l'Égypte et la grandeur de l'Égypte. Il s'identifiait avec les Égyptiens[236]

---

[233] *Ibid.*, p. 187.
[234] Cité par Fahmy (K.), *op. cit.*, p. 242.
[235] Lettre de Huder à Guillemot du 10 mars 1830. A.E.–Correspondance diplomatique. Égypte I, f° 312-322.
[236] Sabry (M.), *op. cit.*, p. 469.

En 1839, le consul de France Cochelet fait un portrait très mesuré de celui qui est appelé à succéder à Méhémet Ali. Il le présente sans humeur mais attache beaucoup d'importance à le situer par rapport à son père :

Ibrahim pacha, élevé à l'école de Méhémet Ali, lui sera peut-être supérieur sous quelques rapports. Il n'aura pas ses vues élevées, mais il sera administrateur. Il a des idées moins fiscales en fait de commerce. Il a de la rectitude dans l'esprit. Il est économe. Il a fait entreprendre de grandes cultures et exécuter des travaux utiles au pays. Ses talents militaires sont connus. Il a beaucoup de franchise dans le caractère. Il aurait été incapable de se créer une position comme son père mais il saura conserver la puissance dont il héritera. Je crois d'ailleurs qu'il sera attaché à la France[237]

Soldat valeureux, chef incontesté, il rentre souvent en conflit avec ses officiers supérieurs :

Hussein bey, commandant d'un régiment d'infanterie. Selim bey, général, ancien mamelouk du grand pacha, etc. fatigués des mauvais procédés du général en chef, ont pris du service dans la métropole de l'Empire turc
Le comité militaire était loin de vivre en bonne harmonie. Les Mamelouks de Méhémet Ali disaient : A la mort de notre maître, nous ne servirons plus, car personne ne pourrait vivre sous les ordres d'Ibrahim pacha[238]

Au total, c'est un portrait en demi-teintes qui se dégage. Au-delà, nous le verrons, va naître d'abord en sourdine puis de

[237] Lettre de Cochelet au ministre des Affaires Etrangères du 20 Août 1839. Correspondance diplomatique. Égypte VIII, f° 311-312.
[238] Hamont (P.N.), *op. cit.*, p. 46, 195.

manière plus visible une sourde opposition entre le père et le fils : deux caractères et deux conceptions de l'Égypte s'opposeront.

Toussoun pacha (1793- 1816). Il est envoyé combattre les wahhabites en 1811. Le prétexte d'une fête donnée en son honneur permet de rassembler tous les chefs mamelouks à la Citadelle du Caire en mars pour le dénouement tragique que l'on connaît. En 1816, de retour d'Arabie, il meurt, à Bérembal dans le delta, le 6 juillet.
Djabarti nous en dresse le portrait suivant :

> *Il était blanc de peau, grand et gros, et sa barbe était déjà forte. Il était courageux et bon, il aimait les Arabes et était bon musulman. Il s'opposait quelquefois aux actes de son père ; les troupes le craignaient et le respectaient car d'une part il faisait tuer tout soldat qui commettait la moindre infraction à la discipline et d'autre part il accordait ses faveurs à ceux qui se conduisaient bien et se montraient obéissants. Les officiers et presque toute la population l'aimaient et espéraient le voir succéder à son père*[239]

Toujours selon Djabarti[240], à l'annonce de la maladie de son fils, Méhémet Ali part à Choubra où il erre de chambre en chambre sans que personne n'ait le courage de lui annoncer la mort de Toussoun pacha.

Ismaïl pacha (1795-1822). Après la prise de la Mecque par son frère Toussoun pacha, il lui revient de porter au sultan à Constantinople les clefs de la ville sainte. A son retour, il est salué par des coups de canon tirés de la Citadelle, de

---

[239] Djarbati, *Chroniques,* Le Caire, 1895, traduction, t. IX, p. 215
[240] *Ibid.,* t. VIII, p. 251 et 267.

Choubra, de Boulaq et de Gizeh[241]. Il est revenu avec la fille d'Arif bey, issue d'une famille influente de Constantinople qu'il épouse quelques jours après.
Il dirige la campagne du Soudan à partir de 1820. En 1821, il atteint le confluent du Nil blanc et du Nil bleu au cœur du Soudan oriental. Il mène une campagne brutale qui lui vaudra de périr en 1822 à Chendy. Après avoir menacé un des rois du Sennâr, le malek Naïm Nimr s'il ne lui livrait pas 2 000 esclaves, le roi soudanais en réponse fait incendier la paillote d'Ismaïl pacha qui meurt brûlé vif.

Saïd pacha (1822-1854-1863). Il est certainement le prince le plus aimé de ses contemporains français.

Il était français par le cœur (...), tout ce qui était français était bien accueilli par lui[242]

Il est élevé par des Français comme Koenig, l'orientaliste aux idées libérales, Ferdinand de Lesseps dont le père avait aidé Méhémet Ali à ses débuts.
Il est destiné à la marine. Ainsi il embarque à l'âge de douze ans sur une frégate dont le commandant en chef est un officier français. Le jeune prince avec trente jeunes gens de son âge apprend à naviguer grâce aux leçons du commandant exprimées en français.
Il monte sur le trône à la mort d'Abbas pacha en 1853. Son avènement est bien accueilli après le règne cruel de son neveu.
Saïd pacha a l'esprit de famille. Il fait revenir tous ceux qui avaient fui sous Abbas pacha.
Physiquement, il impressionne :

---

[241] *Ibid.*, p. 25.
[242] Audouard (O.), *op. cit.*, p. 150.

Gargantua, colosse débonnaire, bon vivant, gros plaisant, buveur mirifique, la main de taille à souffleter les éléphants, la face large haute en couleur[243]

Malgré ses prodigalités et son caractère fantasque, Saïd pacha est un grand modernisateur : il réforme l'administration, introduit des cadres égyptiens dans l'armée, relance une politique scolaire en envoyant à nouveau des missions scolaires, donne une impulsion aux travaux publics.

Halim pacha (1831-1894). Il passe une jeunesse insouciante en France où il est un des familiers de la famille du roi Louis-Philippe. Il noue en France des amitiés précieuses dans les milieux politiques.

A la mort d'Abbas pacha, il aide son frère Saïd pacha à prendre le pouvoir. Il est nommé gouverneur général du Soudan, poste qu'il occupe peu de temps. A l'avènement de son neveu Ismaïl pacha, il se tient à l'écart car il règne entre les deux une sourde inimitié qui aboutira en 1867 à l'exil d'Halim pacha. Ce dernier, franc-maçon, grand maître en Orient, est connu pour ses idées libérales.

Abbas pacha (1816-1854). Petit-fils de Méhémet Ali, fils de Toussoun pacha, il est né à Djeddah quand son père combat les Wahhabites. A la mort de Toussoun pacha, Méhémet Ali reporte toute son affection sur son petit-fils qu'il prépare à de hautes responsabilités. Il n'a point reçu d'éducation à l'européenne comme les fils cadets du pacha : Saïd et Halim ou encore comme ses cousins, fils d'Ibrahim pacha : Ahmed Rifaat et Ismaïl.

Abbas apparaît aux yeux de ses contemporains comme un prince oriental à mi-chemin entre l'empereur romain

[243] About (E.), *Le fellah,* Paris, 1873, p. 173.

d'origine syrienne, Héliogabale et les Omeyyades. Il se plaît dans le désert, au milieu des nomades.

Ce fut un vrai prince de l'Ancien Orient. Défiant, sombre, insouciant des destinées du pays que Dieu avait confié à ses soins, il aimait se retirer dans le secret de ses palais et à s'isoler au milieu de ses gardes pour vivre de cette vie des despotes ombrageux et voluptueux de l'Orient, où le sang se mêle à l'orgie[244].

Son entrée à Beyrouth en 1839 défraie la chronique.

Abbas pacha, qui commande ici n'est ni un homme d'État, ni un homme de guerre, et l'armée se souvient de l'avoir vu arriver à Beyrouth, lors de l'avant-dernière révolte en palanquin, comme vont les femmes[245]

Gouverneur du Caire sous Méhémet Ali, son accession à la vice-royauté en 1849 est bien accueillie tout d'abord dans le pays. Très rapidement ce climat se détériore car Abbas pacha est violent, cruel et autocrate. Il éloigne les membres de sa famille du gouvernement. Ces derniers l'accusent de détourner l'héritage de Méhémet Ali et préfèrent pour la plupart partir en exil à Constantinople, ce qui met Abbas pacha au comble de la fureur :

Si le vieux sortait de son tombeau, il leur tordrait le cou à tous. J'avais à me plaindre d'Ibrahim, je me suis rendu au Hedjaz ; mais la pensée ne me serait jamais venue d'aller

---

[244] Merruau (P.), *L'Égypte contemporaine,* Paris, 1858, p. 7.
[245] Lettre de L. de Weimars au ministre des Affaires Etrangères du 10 décembre 1840. Correspondance politique. Égypte XII, f° 311-313.

implorer contre lui à Constantinople l'appui des ennemis de notre famille[246]

En réaction à la politique de son grand-père, il souhaite libérer son pays de l'emprise des Européens :

Mon grand-père (...) se croyait un souverain absolu ; il l'était pour nous, pour ses serviteurs, pour ses enfants. Mais il était l'esclave des consuls généraux[247]

Il ferme un grand nombre d'institutions créées par Méhémet Ali et renvoie des Européens en grand nombre. Il meurt assassiné le 14 juillet 1854.

Ahmed bey Le Defterdar est le mari de Nazle hanem, fille de Méhémet Ali. Il appartient à la grande famille de Constantinople. Il participe à la campagne du Soudan aux côtés d'Ismaïl pacha où il acquiert une réputation de cruauté. Les anecdotes sont nombreuses à ce sujet[248]. Parmi les histoires colportées avec complaisance, mais avec des variantes, on raconte que le defterdar aurait fait ouvrir le ventre d'un soldat pour s'assurer qu'il avait bu le lait qu'il avait refusé de payer.

Cet homme-là avait du sang de tigre et panthère dans les veines[249]

Il s'oppose à tout modernisme dans l'armée. Il est craint du pacha

246 Mémoires de Nubar pacha, *op. cit.,* p. 254.
247 Benedetti de, *op. cit.,* p. 531.
248 Audouard (O.), *op. cit.,* p. 114.
249 *Ibid.*

Quelques propos échappés dans l'ivresse ont fait croire qu'il eut plus d'une fois la pensée de s'emparer du pouvoir[250]

Il meurt le 8 juin 1833.

Nazle hanem (1799-1833). Elle est mariée au defterdar. Des rumeurs persistantes lui prête une vie scandaleuse la comparant à une Marguerite de Bourgogne. Tous les voyageurs relaient un portrait peu flatteur de la princesse, seul Poitou pondère sa description dans sa relation de voyage :

Des bruits assez sinistres ont aussi couru sur son compte, on a parlé de certaines histoires qui rappellent Marguerite de Bourgogne et les légendes de la Tour de Nesle. Mais rien ne nous atteste la vérité de ces faits : l'affreuse réputation de son mari a bien pu régir sur elle, et nos compagnes ne nous ont dit d'elle que du bien[251]

Elle veille Ibrahim pacha à sa mort. Nubar pacha nous livre un des rares portraits que l'on possède d'elle :

Sa sœur (Nazle hanem) *était censément cachée par un grand voile noir que des eunuques tenaient déployé entre elle et nous. Ils oubliaient que les glaces, dont les murs de la chambre étaient entièrement couverts, reflétaient son visage avec son nez crochu comme le bec d'un oiseau de proie*[252].

Tewhideh hanem (1791-1830). Mariée à Moharram-bey, gouverneur d'Alexandrie. On sait que la femme d'un

---

[250] Marcel (J.J.), *op. cit.*, p. 48.
[251] Poitou (E.), *Un hiver en Égypte,* Paris, 1857, p. 338.
[252] Nubar, *op. cit.*, p. 49.

missionnaire anglais lui donne des leçons d'anglais et de dessin. Elle mène une vie paisible[253].

Les neveux Yeghen : Ahmed pacha et Ibrahim pacha Yeghen, des deux c'est Ahmed pacha qui seconde le mieux leur oncle. Il participe à la campagne contre les wahhabites et reçoit le gouvernement du Hedjaz. Il continue l'œuvre de pacification après le départ d'Ibrahim pacha en s'établissant à Djedda. Il est rappelé en 1832 au Caire et participe à la campagne de Syrie.

On possède peu de documents sur les épouses et le harem du pacha.

Sa première épouse, Emina, la mère d'Ibrahim, de Toussoun et d'Ismaïl meurt en 1824. A son arrivée au Caire, elle est accueillie en grande pompe ainsi que le rapporte Djabarti :

On prévint toutes les dames de se rendre (...) à Boulac à la rencontre de la femme du pacha. Madame Nefissa el Mouradieh[254] *s'excusa en disant qu'elle était malade et ne pouvait quitter la chambre, mais son excuse ne fut pas admise.*

Le mercredi matin, une foule de femmes montées sur plus de cinq cents ânes de louage, se trouvèrent au port de Boulac et revinrent au Caire amenant à l'Ezbékiah, la nouvelle arrivée. Des coups de canon furent tirés en grand nombre de la Citadelle et de l'Ezbékiah et les présents affluèrent de toutes parts, consistant surtout en objets à l'usage des femmes et des enfants[255]

[253] *Ibid.*, p. 44.

[254] Veuve de Mourad bey.

[255] Djabarti, *op. cit.*, p. 205.

On peut dresser ce portrait d'Emina hanem :

Durant la vie de cette épouse, femme énergique et supérieure, il la traita avec le plus profond respect, et celle-ci conserva sur lui la plus grande influence. Il la considérait, disent d'autres, comme la fée qui avait présidé à sa fortune. Elle était estimée et aimée par le peuple, et son pouvoir se manifestait toujours dans le sens de la justice et de la miséricorde : tout son temps occupé à lire des pétitions[256]

[256] Wiet (G.), *op. cit.*, p. 190.

CHAPITRE XI
LE PACHA DANS SON INTERIEUR

Le pacha est un homme de petite taille, plutôt râblé aux yeux perçants. Le comte de Benedetti qui le rencontre dans les années 1840 nous en donne un très beau portrait physique et moral :

Cet homme si rude, qui s'était élevé à la puissance absolue à l'aide de la ruse autant que de la force, sans nul apprentissage pouvant régler la violence de son tempérament, cet homme avait l'intuition des choses que l'éducation enseigne. En se donnant pour tâche de réveiller en Égypte, une civilisation éteinte, il avait entrepris de se civiliser lui-même, et il y avait parfaitement réussi. Il avait quelquefois les délicatesses d'un raffiné. Figure fine, regard vibrant, la bouche toujours jeune, il était séduisant, quand je l'ai connu, par le charme de ses manières, invariablement affables. Il prenait un grand soin de sa personne. Il ne portait pas de gants, accessoire inusité chez les Orientaux, mais ses mains affinées ne gardaient aucune trace de sa vie première[257].

Le pacha aux dires de tous ses contemporains est simple dans son intérieur et d'un accès facile. Il est actif durant la journée, et se lève tôt, à quatre heures du matin, il est sur pied. Ayant besoin de peu de sommeil :

---

[257] Benedetti de, *op. cit.*, p. 512.

Des Européens qui ont couché dans la même tente que lui se sont plaints d'avoir été souvent dérangés durant la nuit par les questions qu'il posait, et il continuait de parler lorsque ceux-ci étaient endormis[258]

Vers 1825, il adopte sur les conseils de Clot-bey un régime destiné à combattre une gastro-entérite qui lui procure des insomnies et des fièvres. Il a l'habitude de boire une bouteille de vin de Bordeaux chaque soir car il pense que le vin donne de la force au vieillard et lui procure un bon sommeil. Clot-bey arrive à le convaincre de renoncer à cette habitude en lui donnant des pilules pour lesquelles le pacha recommande dans leur composition l'absence d'opium. Le pacha dort, les pilules étaient composées de mie de pain[259].

Il déjeune à midi souvent avec des Européens ayant opté sur les conseils de Clot-bey pour des repas européens préparés par des cuisiniers français[260] en se servant de couteaux, de cuillères et de fourchettes tandis qu'

Il soupe en public au coucher du soleil ; on ne lui sert alors que des plats turcs. Il mange avec les doigts. Il s'en sert suivant l'usage oriental pour déchirer les viandes[261]

Quand il reçoit, on le trouve souvent assis à la manière orientale sur un divan. A Alexandrie, au palais de Ras el Tin, il affectionne plus particulièrement une pièce dont les fenêtres sont largement ouvertes sur le port. En 1831, Verninac de Saint Maur, venu chercher l'obélisque de Louxor nous le décrit avec précision :

---

[258] Saint-John, *Egypt and Nubia,* Londres, 1845, p. 44.
[259] *Mémoires d'A.B. Clot-bey, op. cit.,* p. 55.
[260] Clot-bey, *Histoire de Méhémet Ali,* Marseille, s.d. p. 54.
[261] Douin (Ct), *Mission de Boislecomte,* Le Caire, 1927, p. 141.

Dans un des angles de la salle d'audience du palais de Ras el Tin, entre deux croisées, qui laissent à découvert la mer et les deux ports, Mohamed Ali est assis à l'orientale, une pipe à la main, et le corps soutenu en tous sens par de riches carreaux ; une longue barbe blanche, la dignité qu'il a su donner à toutes les habitudes de son corps, l'élégante simplicité de son costume impriment le respect[262]

La mise du pacha est toujours d'une grande sobriété toute entière en toile bleue, ceinturée de cachemire. Des bas de soie blanche, des pantoufles jaunes et un turban de mousseline blanche complètent l'ensemble. Il ne porte aucun bijou mais un poignard ou sa pipe sont garnis de diamants ou de pierres précieuses. Souvent le soir, il opte souvent pour les vêtements longs des mamelouks.
Tardivement, il adopte l'uniforme ottoman du Nizâm, longue tunique à brandebourgs, que serre à la taille une ceinture de métal, la tête coiffée du tarbouche. C'est ainsi qu'il apparaît dans ses derniers portraits officiels.
Ses appartements sont également sobrement décorés. A Ras el Tin, sa salle à manger est simple et petite ainsi que le bain. Les vestibules sont tendus de tentures fabriquées à l'arsenal. Il préfère à une chambre au confort européen dont il dispose dans son palais alexandrin, une chambre à la mode turque : un matelas posé à même le sol, installé au milieu de la pièce, entouré d'un baldaquin sommaire portant une moustiquaire.

Le pacha

---

[262] Verninac de Saint Maur, *Voyage du Luxor en Égypte,* Paris, 1835, p. 56.

Sait faire pour sa conduite privée la distinction entre l'homme et le souverain[263]

Cela le mène à transgresser ses habitudes de simplicité quand il doit recevoir des hôtes prestigieux. Ainsi, il dote ses palais de services en porcelaine de Sèvres, de cristallerie et d'argenterie européenne qui servent pour toutes les réceptions données en l'honneur de personnes de distinction comme le duc de Montpensier, fils de Louis-Philippe, en 1846.

Il aime recevoir et rencontrer les étrangers de passage. Il se lance alors dans des discussions qu'il a le don de mener.

Le pacha possède au plus haut degré l'art de captiver ses auditeurs et d'imposer sa manière de voir à ceux qui l'entourent[264]

Si la conversation s'anime, il lui arrive de rejeter son turban en arrière. Cette habitude de recevoir très librement irrite son petit-fils Abbas pacha qui plus tard dira :

Je ne veux pas, comme au temps de mon grand-père (...), que mon palais soit une sorte de café, un lieu de réunion, où l'on rentre pour causer, faute d'occupations[265]

Parmi ses distractions, il joue au billard ce qui est alors assez inusité en Orient. Il dispose d'un billard au palais de Ras el Tin à Alexandrie et dans son palais de Choubra. Il joue également au jeu de cartes, de dames ou d'échecs montre des aptitudes. Ainsi un voyageur le surprend dans une salle où il jouait aux échecs :

---

[263] Douin (Ct), *op. ; Cit.* p. 141.
[264] Cadalvene et Breuvery, *L'Égypte et la Turquie,* Paris, 1836, p. 207.
[265] Hamont (N.P.), *op. cit.,* t. I, p. 14.

Accroupi sur un divan, il relevait son turban pour se gratter la tête, puis il étendait ses jambes pour jouer avec ses pantoufles, placées sur le parquet devant lui ; enfin, il ôta et remis plusieurs fois sa pelisse[266].

Il n'hésite pas à s'amuser avec des officiers de grade peu élevé ou de simples soldats. Ainsi à Choubra :

Son plus grand amusement y consiste, le soir, un peu avant le coucher du soleil, à aller avec ses gardes s'asseoir sur les bords du Nil, pour tirer au but contre un pot de terre. Il est lui-même habile tireur[267].

Quand quelque chose le tracasse, on le voit marcher dans ses appartements :

Sa démarche a l'assurance et la régularité des habitudes militaires. (...) A l'exemple de l'empereur Napoléon, il se promène habituellement les mains croisées derrière le dos[268]

Le pacha est un nomade, il se transporte d'un palais à l'autre mais la résidence qu'il préfère est sans conteste Choubra : *Le Saint Cloud* égyptien qui est à la fois un palais et une résidence de campagne. Il y réside généralement durant les fêtes du Baïram et jusqu'aux fortes chaleurs, période à laquelle il part à Alexandrie. Choubra a pour le pacha deux attraits : le fameux nymphée où il aime se reposer et c'est en même temps un lieu propice pour se livrer à sa passion du jardinage.

---

[266] Fontanier, *Voyage dans l'Inde et dans le Golfe Persique par L'Égypte et la Mer Rouge,* Paris, 1844, p. 15.
[267] Belzoni, *Voyages en Égypte et en Nubie,* t. I, p. 19.
[268] Labat, *L'Égypte ancienne et moderne,* Paris, 1840, p. 124.

Le nymphée est un bassin rectangulaire, peu profond, entouré de colonnades où le pacha vient souvent assister aux jeux et aux danses de ses femmes. Il s'y livre au canotage :

L'enceinte est éclairée au gaz et dans les nuits d'été, le pacha se fait promener sur le bassin dans une cange dorée dont les femmes de son harem agitent les rames[269]

Nous disposons de très peu de témoignages sur le harem du pacha. On sait Méhémet Ali galant :

Il aime les femmes sans être leur adorateur[270]

Le jardin le plus important est celui de Choubra qui est considéré à l'époque comme un des plus beaux d'Orient. On en possède de nombreuses descriptions. Il a une superficie de douze à seize hectares.

Le jardin est traversé par une allée toute droite qui dessert de plus petites allées. Des cyprès, des acacias, des arbres fruitiers, des gommiers, des peupliers et des palmiers bordent les artères qui forment à certains croisements des petits carrefours et des lieux de repos. Le sol des allées est pavé de petites pierres de couleur, constituant un décor tapissant. Des jonquilles, des chrysanthèmes, des roses et des lauriers-roses se mêlent aux cyprès. Au milieu des parterres, se trouvent des plantes odoriférantes tels que les citronniers, les orangers et les grenadiers.

C'est à Choubra qu'est acclimaté le mandarinier. En effet, Youssouf effendi, envoyé par le vice-roi pour étudier l'agriculture à Grignon, à son retour en Égypte, s'arrête à Malte où il achète des plants de mandarines. Arrivé en Égypte, il offre ses plants au pacha qui les replantent à

---

[269] Pauty, *op. cit.,* p. 402.
[270] Hamont (N.P.), *op. cit.*, t. I, p. 437.

Choubra, en confiant à Youssouf effendi le soin de les propager.
Sa passion du jardinage et de l'horticulture qu'il partage avec Ibrahim pacha est telle qu'il multiplie les jardins aussi bien au Caire qu'à Alexandrie. Ils sont plantés d'orangers, de citronniers, d'amandiers, de pêchers, d'oliviers et de mûriers. Il envoie faire chercher sur tous les continents des plantes utiles et d'ornement.
Il accorde une grande attention à ces travaux comme en témoignage l'acclimatation du dahlia. A un jardinier qui ne prend pas soin de cette fleur nouvellement importée d'Europe, il fait appliquer plusieurs coups de courbache. On a de nombreux exemples de punitions données à des jardiniers négligents. Il faut dire que dans ses diverses expériences horticoles : culture du prunier ou plantation de chênes, le pacha se montre aussi volontaire que dans les affaires politiques. Un jour, un jardinier a le sang froid de lui dire pendant sa punition :

Qu'on ne pouvait faire obéir les plantes de même que les hommes[271]

Le pacha sans doute amusé par cette remarque, lui fait parvenir quelques jours après un cadeau.

[271] Marcel (J.J.), *op. cit.,* p. 24.

CHAPITRE XII
CHAMPOLLION ET MEHEMET ALI

Champollion arrive en Égypte, pour la première fois, en 1828 à la tête d'une expédition franco-toscane qui prendra fin en 1830. Elle a pour but de faire différents relevés en Haute-Égypte. Les membres de l'expédition ont des compétences diverses. On compte des dessinateurs : Rosselini, Cherubini, Duchesne, Bertin, Lehoux, Angelelli, Nestor L'Hôte[272], un mathématicien : Rosselini qui est l'oncle du premier, un naturaliste : Raddi, un médecin et dessinateur : Ricci, un architecte : Bibent.

Ils sont accueillis à Alexandrie le 18 août par Drovetti qui les loge et les cornaque. Le consul voit d'un assez mauvais œil l'arrivée de la mission qui peut perturber son trafic d'antiquités.

Champollion et ses amis doivent faire les visites d'usage au pacha et à son fils Ibrahim pacha à Alexandrie et au Caire avant d'engager leurs travaux. Dans ce but, Drovetti obtient le 24 août une audience à Alexandrie pour Champollion auprès du pacha, pour obtenir les firmans nécessaires. Méhémet Ali leur fait un bon accueil au milieu des officiers de sa cour. Le pacha fait assaut d'amabilités en louant la nature scientifique du voyage de Champollion :

Il demanda à M. Champollion jusqu'où il voulait diriger ses recherches, s'il irait voir le sommet de Pharaon (la Pyramide à ce que je crois) ; il demanda aussi à M. Drovetti, qu'il savait être souffrant, comment il se portait ; le café nous fut apporté dans de petites tasses et sans sucre, selon la

[272] Les souvenirs de Nestor L'Hôte de cette expédition ont été rassemblés par Jean Lefebvre et Diane Harlé dans *Lettres, journaux et dessins inédits*, Paris, 1993.

coutume du pays, et nous retirâmes fort contents de notre visite. Mohamed Ali paraît âgé d'environ soixante ans ; sa taille est petite, ses vêtements de la plus grande simplicité, sa barbe blanche. Sa physionomie extrêmement mobile est pleine de finesse et d'aménité, et son œil, orné de la patte d'oie, est peu ouvert, mais pétillant d'esprit et de vivacité. Ses appartements sont aussi simples en décorations que sa personne[273]

Un mois après cette audience, la petite troupe prend le chemin du Caire par le canal de Mahmoudieh.

Au Caire, à l'aller et au retour de Haute-Égypte, Champollion rencontre le pacha et son fils Ibrahim pacha pour les décider à protéger efficacement les antiquités. Champollion convaint Ibrahim pacha de la nécessité d'une expédition égyptienne destinée à rechercher les sources du Nil. Il espère en être désigné le chef scientifique mais à sa grande déception c'est Linant qui est choisi[274].

Au cours d'une autre invitation, Champollion lance l'idée d'obtenir un obélisque de Louxor[275].

Le vice-roi ne manque pas de marquer sa gratitude envers ce savant qui vient restituer l'histoire ancienne du pays qu'il gouverne. Lors d'un dîner chez le pacha où le docteur Pariset est obligé d'intervenir à la suite d'un malaise d'Ibrahim pacha, Méhémet Ali conclut cet incident en disant :

L'un a ressuscité mon fils et l'autre a ressuscité l'antique gloire de mon pays[276]

En une autre occasion, il lui dit :

---

[273] *Ibid.*, p. 52.

[274] Linant de Bellefond.

[275] Voir le chapitre consacré à l'obélisque.

[276] Bibliothèque égyptologique 31, p. 417.

De toutes les doctrines de l'Europe, je ne réclame pour moi et mon peuple que la doctrine du déchiffreur des hiéroglyphes[277]

Après sa mission en Haute-Égypte, Champollion alerte le vice-roi sur les destructions de monuments qu'il a constaté :

Il est donc urgent et de la plus haute importance que les vues conservatrices de Son Altesse étant bien connues de ses agents, ceux-ci les suivent et les remplissent dans toute leur étendue ; l'Europe entière sera reconnaissante des mesures actives que Son Altesse voudra bien prendre pour assurer la conservation des temples, des palais, des tombeaux, et de tous les genres de monuments qui attestent encore de la puissance et de la grandeur de l'Égypte ancienne, et sont en même temps les plus beaux ornements de l'Égypte moderne. Il serait plus que temps de mettre un terme à ces barbares dévastations, qui privent chaque instant la science de monuments d'un haut intérêt[278]

Le pacha comprend l'importance de la conservation de ces monuments et octroie régulièrement des firmans pour les protéger. Les ordres qu'il donne dans ce sens ne sont pas respectés comme en attestent différents témoignages. Ainsi le baron de Boislecomte mentionne dans un rapport en date du 19 juin 1833 :

Je dis au vice-roi que, malgré les ordres qu'il avait donnés, on dégradait tous les jours les monuments de l'ancienne

---

[277] *Ibid.*, p. 417.
[278] *Ibid.*, p. 445.

Égypte, et qu'on prenait les pierres couvertes d'inscriptions et les marbres précieux pour en faire de la chaux[279]

Avec beaucoup d'à propos, le pacha dit au consul Mimaut au sujet des ordres qu'il donne :

Je serais étonné qu'ils ne fussent pas suivis : je suis peut-être le souverain dont les ordres sont le plus respectés, mais ensuite je ne puis exiger aucune exactitude d'obéissance de la part des Européens ; je suis plus indulgent à leur égard, et je serais porté à croire que ce sont eux plutôt que les gens du pays qui dégradent des monuments dont ils veulent vendre ou exporter les débris[280]

Cette réponse du pacha à Mimaut le vise directement car le consul de Russie a dénoncé le consul de France pour l'envoi, entre autre, des tables chronologiques d'Abydos, en attendant avait-il dit narquoisement, *le musée particulier du Consul général de France*[281]. Les consuls français et anglais, Drovetti et Salt, se livrent une lutte acharnée pour obtenir les plus belles pièces. Le pacha peut donc se dédouaner assez aisément de ces critiques mais force est de reconnaître qu'il n'est pas en mesure de faire respecter partout ses ordres. Frédéric Cailliaud doit également admettre que les Européens se livrent à des pillages effrénés :

On ne peut qu'applaudir aux mesures sévères prises depuis peu par Mohammed Ali, qui s'est déclaré le protecteur des

---

[279] Wiet (G.), *op. cit.*, p. 23.
[280] Douin (Ct), *La mission du baron de Boislecomte,* Le Caire, 1927, p. 61.
[281] Cattaui (R.), *Les archives russes en Égypte,* Le Caire, 1931-1936, p. 363.

monuments de l'Égypte, que des sujets de nations plus civilisées ne savent pas assez respecter[282]

Cailliaud se fait également l'écho de l'indignation du pacha devant la profanation des tombeaux antiques et le commerce des momies :

Ainsi un des Turcs que nous traitons de barbares ne peut supporter un spectacle qui n'avait peut-être étonné encore aucun voyageur européen[283]

Il apparaît que certains Européens sont partagés entre le souhait de protéger les Antiquités et la volonté d'en prendre le plus dans une sorte d'amour propre national. Dans ce domaine, la rivalité entre la France et l'Angleterre atteint des sommets. Même Champollion participe d'une certaine manière à ce mouvement. Il réussit à se faire donner une inscription trilingue qui sert de seuil à une mosquée du Caire. Il s'exonère de cela en disant :

Excellente occasion de consoler la France de la perte si cuisante du monument de Rosette

En reconnaissance du travail effectué par Champollion, le pacha lui fait remettre le 4 novembre 1829, jour de la fête du roi de France un sabre monté en or évalué 4 000 francs. Avec cet envoi, le vice-roi demande à Champollion qu'un de ses dessinateurs lui fasse son portrait et celui d'Ibrahim pacha. Champollion écrit enthousiaste à Nestor L'Hôte :

---

[282] Cailliaud (F.), *Voyage à Méroé, au Fleuve Blanc, au-delà de Fazoql dans le midi du royaume de Sennar, à Syouah et dans cinq autres oasis*, Paris, 1823-1827, t. III, p. 300.
[283] Cité par le général Weygand in *Histoire militaire de Mohammed Aly et ses fils*, Paris, 1936, t. I, p. 130.

Arrivez donc, broyez vos couleurs, lavez vos pinceaux et venez recevoir le premier hommage qu'un Pacha n'ait jamais payé aux Beaux-Arts ! C'est une révolution en faveur de la peinture. Vous avez l'honneur de la consommer[284]

Les portraits du pacha et de son fils ne furent pas faits à cette époque. Lors du voyage de Nestor L'Hôte en 1838, il fut amené à réaliser un portrait en buste du pacha et un portrait équestre de son fils.
Le 29 novembre, Champollion remet au vice-roi une *Notice de l'Histoire de l'Égypte.*

En quittant l'Égypte le 26 février 1830, il a ces mots :

Enfin le Grand Amon veut bien me permettre de dire adieu à sa terre sacrée. Je quitterai l'Égypte comblé de faveurs de ses anciens et modernes habitants.

[284] Nestor L'Hôte, *op. cit.*, p. 299.

CHAPITRE XIII
LES MISSIONS SCOLAIRES

L'idée d'envoyer de jeunes Égyptiens s'éduquer à Paris remonte aux années 1812 lorsque Jomard surnommé *l'Égyptien*[285], par l'intermédiaire de Drovetti soumet l'idée à Méhémet Ali. Le projet resurgit en 1826 quand Boghos bey fait une enquête pour savoir quel pays de la France, de l'Italie pourrait le mieux accueillir les étudiants égyptiens. Malgré les conseils de son entourage qui penchait pour l'Italie, le pacha se décide pour la France peut-être gagné par un argument de Drovetti :

A Paris, la vue d'un Musulman n'y excite pas la même répugnance que dans les villes d'Italie, où les préjugés religieux sont plus actifs et dominants et où les circonstances de la guerre que fait maintenant S.A. contre les Grecs pourraient encore développer des sentiments plus positifs d'aversion et amener des rencontres désagréables[286]

En avril 1826, la première mission embarque pour arriver le 15 mai à Marseille :

Quarante élèves furent envoyés en France[287]

---

[285] Jomard (Edme-François) 1777-1863. Il acquiert ce surnom en participant à l'expédition d'Égypte en qualité d'ingénieur géographe. Il rentre en France en 1800 pour participer en 1830 à la rédaction de la Grande Description de l'Égypte. En 1859, il est nommé Président d'honneur de l'Institut Égyptien.

[286] Louca (A.) *Voyageurs et écrivains égyptiens en France au XIXe siècle*, Paris, 1970, p. 37.

[287] Merruau (P.), *op. cit.*, p. 88.

Sur la quarantaine d'étudiants envoyés :

Il y a 16 Turcs, Circassiens ou Arméniens, nés pour la plupart à Constantinople, sans compter les Ottomans nés au Caire ; les Égyptiens sont au nombre de cinq[288]

Le plus jeune a quinze ans, le plus âgé trente-sept ans. Aucun ne parle le français. La langue maternelle de la plupart est le Turc. Regroupés dans une maison rue de Clichy sous la férule de Jomard, ils étudient sous la direction de bons pédagogues :

Les uns apprenaient l'administration militaire ou l'administration civile ; les autres le génie, l'artillerie, la chimie et la médecine. Ceux-ci, qu'on destinait à la navigation, étudiant la géométrie, la trigonométrie, en attendant leur admission à une école de marine ; ceux-là apprenaient la géométrie, la statistique et la physique pour étudier ensuite la mécanique et l'hydraulique. A d'autres, on apprenait le dessin et la typographie ; quelques-uns se livraient à l'étude de l'agriculture ou à celle des mines et de l'histoire naturelle : tous apprenaient le Français, les mathématiques, l'histoire et la géographie[289]

Hamont reconnaît que Jomard ainsi que tous les professeurs recrutés pour cette mission ont travaillé sans compter pour le succès de cette mission. Il ajoute :

Leçons, répétitions, livres, instruments, tout fut accordé sans parcimonie ; et tandis qu'en Égypte, les Européens rencontraient de très grands obstacles pour y asseoir des établissements utiles, les Égyptiens placés à Paris, sous la

---

[288] Louca (A.), *op. cit.,* p. 40.

[289] Merruau (P.), *op. cit.,* p. 88 et 89.

puissante influence de leur directeur, avaient toutes les facilités possibles pour se livrer à l'étude des spécialités qui leur avaient été dévolues. Méhémet Ali ne négligeait rien pour la prospérité de cette école, il dépensait des sommes considérables et voulait que ses sujets apprissent tout ce qu'apprennent les Européens[290]

Leur journée d'étude se décompose ainsi : le matin, lecture, écriture et conversation, l'après-midi : dessin, grammaire, arithmétique et géographie.
Au mois de juillet 1827, ils subirent un examen général. L'année suivante, le 1er mars 1828, un examen public devant un parterre d'orientalistes, d'académiciens et de généraux eut lieu :

Les épreuves écrites et orales portèrent sur la composition française, l'analyse logique et grammaticale, l'algèbre, la géométrie et le dessin. Pour la composition, on leur demanda ce qui les avait le plus frappés en France[291]

Dans la copie primée, l'auteur Mahzar s'extasie sur les jardins, les musées, les théâtres et les patinoires !
Les élèves sont ensuite dirigés vers des enseignements spécialisés : droit, économie, chimie, traduction, médecine, gravure et lithographie…
Jomard juge le résultat général bon et avantageux. D'ailleurs en remerciement de ses services, Méhémet Ali lui décerne le titre de bey et lui adresse une tabatière garnie de diamants.
De nouveaux élèves sont envoyés en 1829, 1830, 1832. En 1833, l'École égyptienne compte cent quinze élèves.
Les résultats sont variables. Hamont et d'autres accréditent l'idée qu'à leur retour en Égypte, les élèves nouvellement

---

[290] Hamont (N.P.) *op. cit.*, t. II, p. 188 et 189.
[291] Louca (A.), *op. cit.*, p. 44.

formés ne sont pas employés à la hauteur de leurs nouvelles compétences. Maxime du Camp donne l'exemple d'un certain Khalil effendi qui après s'être initié à l'industrie de la soie à Lyon s'emploie au Caire à relier des livres[292]. Parmi les réussites incontestables, il faut citer Abdi et Mukhtar qui devinrent respectivement Président du Conseil Supérieur et Ministre de l'Instruction Publique, Mahmud Nami, Ministre des Finances...

Un des hommes clefs de ces missions est Rifaa at Tathawi (1801-1873). Natif de Sohag en Haute-Égypte, il appartient à une famille de notables. La renommée fait remonter le nom de sa mère à l'une des tribus les plus célèbres de Médine, celle des Khazraj, de l'époque des Ansar. Du côté de son père, sa lignée aboutit à Ali ben Abi Taleb, cousin du Prophète[293]. Il fait ses études à l'Université d'Al-Azhar. En 1826, il est choisi pour accompagner à Paris, en qualité d'imam les membres de la mission scolaire. Il effectue durant son séjour en France une véritable œuvre de *médiateur culturel*[294]. Il apprend le français et se consacre à la traduction :

Il étudie et traduit des ouvrages qui représentent la rationalité politique (au sens large) et philosophique de l'âge des Lumières : de Montesquieu, De l'Esprit des Lois et les Considérations sur les Causes de la grandeur des Romains et

[292] Du Camp (M.), *Souvenirs littéraires1822-1894*, réédition, Paris, 1962, p. 133.

[293] Rachid (A.), *Rifaa at Tahtawi et Suzanne Voilquin : idéologie et conscience de classe* in Le Miroir égyptien, Marseille, 1984, p. 226.

[294] Expression utilisée par Anouar Louca dans son article *La médiation de Tathawi 1801-1873* in *La France et l'Égypte à l'époque des vice-rois,* Le Caire, 2002, p. 59.

leur décadence : de Rousseau, le Contrat social, les Aventures de Télémaque[295]

Certaines parties de l'Esprit des Lois et du Contrat social provoquent sa profonde admiration[296]

Il observe la société parisienne et se montre curieux de tout. Il côtoie des orientalistes comme Sylvestre de Sacy, Caussin de Perceval. Il note toutes ses impressions dans son journal de voyage et cherche à comprendre la civilisation européenne. Pour Rifaa at Tathawi, les Français sont des sectateurs de la raison des philosophes :

On peut fréquenter ces gens-là, qui sont fort estimables et utiles, car on les connaît quant à l'essentiel depuis longtemps[297]

Tous ses préjugés tombent quand il est en France et ce n'est pas le moindre de ses mérites.
Il accède à l'humanisme et à l'universalisme des connaissances. Il admet que

La supériorité de la langue arabe, apanage de l'Islam, élue comme parole coranique de Dieu, s'avère une illusion[298]

Il observe la révolution de 1830 et donne dans son journal de voyage, la traduction de la Charte.

---

[295] Delanoue (G.), *Les Lumières et l'ombre dans l'Égypte du XIXème siècle. Limites d'une acculturation* in *Le miroir égyptien, op. Cit* p. 215.
[296] Louca (A.), *op. cit.*, p. 59.
[297] Cité par Delanoue (G.), *op. cit.*, p. 216.
[298] Louca (A.), *La médiation de Tathawi, op. cit.*, p. 65.

À son retour en Égypte en 1831, il enseigne l'histoire et la géographie à Abouzabel. Il y est également interprète et professeur de traduction.
En 1841, il crée l'Ecole des Traducteurs, école de langues dont la scolarité dure de cinq à six ans. Les élèves recrutés ont à leur entrée de quatorze à dix-huit ans. Les programmes de cours comprennent le Français, l'Arabe et le Turc, des mathématiques, de l'histoire et de la géographie. La même année, l'École préparatoire se rapproche de l'école des langues car les élèves doivent commencer l'étude du français dès le début de leur scolarité.
Son journal de voyage : *Taklis al-ibriz fi talkhis Bariz (L'extraction de l'or pour faire connaître le résumé de Paris)* est imprimé sur l'ordre de Méhémet Ali en 1834 puis traduit en turc en 1839. Le pacha ordonne de distribuer gratuitement l'ouvrage aux fonctionnaires et aux élèves des écoles. Il traduit également nombre d'ouvrages de français en arabe, notamment des ouvrages de médecine.

.

Au nombre des choses qui aident les Français à progresser dans les sciences, il faut compter la facilité de leur langue et tout ce qui la rend parfaite[299].

Rifaa at Tathawi est exilé au Soudan sous Abbas pacha et revient au Caire sous Saïd pacha.

Les missions scolaires s'arrêtent sous Abbas pacha. Il rappelle les jeunes Égyptiens en formation à Paris. Cet arrêt brutal que beaucoup d'historiens égyptiens et français interprètent comme l'abandon de la politique de modernité de Méhémet Ali est plutôt à considérer sous l'angle de la volonté que le nouveau vice-roi veut imprimer aux relations

---

[299] At Tatatahwi, *Relation de voyage à Paris (1826-1831),* traduit par Anouar Louca, Paris, 1957, p. 34.

avec les Européens en général. Abbas pacha pense qu'il est préférable de former ses cadres en Égypte plutôt de les envoyer à l'étranger notamment en France. Ainsi, par exemple, il fait rouvrir l'École militaire pour les fils de hauts fonctionnaires, dirigée par Soliman pacha[300].

[300] Vingtrinier (A.), *op. cit.*, p. 552.

CHAPITRE XIV
AFFAIRE GIRAFE

Cette histoire commence quand Drovetti, soucieux de plaire au roi Charles X et Méhémet Ali, toujours prêt à se concilier le gouvernement français ont l'idée d'envoyer un cadeau inédit : une girafe qui sera la première de son espèce en France. On sait que le roi de France prend un intérêt particulier à sa Ménagerie du Jardin des Plantes et que cet envoi, tout à fait original, serait apprécié.
À l'automne 1826, ordre est donné par le pacha de capturer une girafe au Soudan. Des soldats trouvent, peu de temps après, deux girafons âgésd'à peu près deux mois, tuent leur mère et les envoient au Caire. Drovetti alerté de cette prise sollicite les deux animaux. Le consul d'Angleterre faisant la même demande, le pacha décide d'envoyer une girafe en France et l'autre en Angleterre. Drovetti peut alors écrire sur un ton triomphal au baron de Damas, ministre des Affaires étrangères du roi Charles X :

Je suis heureux de faire savoir à votre Excellence que le sort nous a été favorable. Notre girafe est en effet solide et vigoureuse, celle qui échoie au roi d'Angleterre est maladive et ne vivra pas longtemps[301]

Il est vrai que les deux girafons sont déjà largement éprouvés par leur marche du Soudan au Caire.

---

[301] L'étude de référence reste l'article de Gabriel Dardaud dans la *revue des Conférences en Orient*, n°1, Janvier 1951, intitulé « L'aventure de la Girafe ».

Il va s'en suivre un échange de correspondance entre les savants du Museum, inquiets des modalités de transport de l'animal et Drovetti. Des dispositions sont prises. La girafe n'étant pas sevrée, il est décidé de l'envoyer accompagnée de trois vaches qui lui assurent les 20 à 25 litres de lait dont elle a besoin journellement et de trois domestiques soudanais dont un passe à la postérité : Atir.

En octobre, tout est prêt pour la traversée de la girafe, baptisée *Zarafa,* et de sa cour. Drovetti a pris toutes les précautions pour que ce précieux cadeau voyage dans les meilleures conditions. La traversée sur un bateau sarde *I Due Fratelli* coûte la bagatelle de quatre mille cinq cents francs au Trésor public français.

Après dix-sept jours de traversée, elle débarque à Marseille le 23 octobre 1826. Les journaux qui relatent son arrivée parlent de la *Belle Égyptienne* ou de la *Belle Africaine.* Devant la crainte d'un hiver trop rigoureux, on préfère lui faire passer cette saison à la préfecture de Marseille. Le préfet doit faire face à une véritable frénésie. Tout le monde veut la voir et il doit filtrer les visites. De guerre lasse, il finit par organiser des réceptions pour admirer *Zarafa.*
De peur qu'elle s'ennuie, on la promène tous les jours à heure fixe. Toutes ses sorties provoquent une grande émotion dans la population qui la voit faire de longues marches qui peuvent la mener jusque dans la banlieue de Marseille.

Le roi est tenu informé de la santé de l'animal par des bulletins intitulés *Affaire girafe.*

A la belle saison, on organise son voyage à travers la France. Geoffroy Saint Hilaire estime qu'à raison de 27 kilomètres par jour, elle peut gagner Paris en 52 jours. De peur qu'elle prenne froid, on lui fait confectionner un imperméable en toile gommée boutonné par devant avec d'un côté les armes du pacha et de l'autre celles du roi de France.

Curieuse caravane : la girafe, les trois vaches laitières et les trois Soudanais qui sont suivis par la calèche de Geoffroy Saint Hilaire. Elle arrive le 30 juin 1827 au Jardin des Plantes, prend du repos avant de repartir le 9 juillet pour Saint-Cloud afin d'être présentée à Charles X. Elle mange des pétales de rose dans la main du souverain.

Sa Majesté a voulu voir marcher et même courir ce singulier quadrupède. Toute la cour était présente et ses allures, surtout à la course, ont paru tout à fait extraordinaires[302]

En 1827, 600 000 parisiens viennent la visiter au Jardin des Plantes où elle meurt en 1845. Atir en prend soin. Tous les jours, il la peigne avec soin à l'aide d'une étrille emmanchée d'une longue perche.

La girafe donne lieu à une mode déclinée de multiples manières[303].
Les élégantes portent des robes couleur girafe avec des variantes couleur girafe amoureuse ou couleur girafe en exil avec des ombrelles à la girafe et se coiffent avec des peignes à la girafe…
Des services d'assiettes de Gien sont fabriqués avec comme décor, Atir promenant Zarafa. Des pendules, des lits à la girafe sont créés…

---

[302] *Le Moniteur,* mercredi 11 juillet 1827.
[303] Influence de la girafe de Charles X sur l'art populaire in *Art populaire,* t. IV, 1933.

La girafe « mania » est irrésistible. La girafe jouit jusqu'à sa mort d'un grand prestige.

CHAPITRE XV
LA GUERRE DE MOREE

De 1823 à 1826, l'Égypte intervient en Morée à la demande de la Porte. Dans ce conflit, il faut distinguer deux étapes :

- La première ne concerne que l'Empire ottoman. Le sultan Mahmoud II qui veut réprimer une révolte dans une province de l'Empire ottoman demande de l'aide à Méhémet Ali.
- La seconde commence quand le conflit devient international c'est-à-dire quand les Grecs sont soutenus par les Puissances pour conquérir leur indépendance.

Les Grecs et plus généralement les populations chrétiennes des Balkans sont poussés à la révolte par les Russes. Dès 1815, des réseaux se forment pour soulever la Grèce. Le tsar Alexandre autorise son aide de camp Alexandre Ypsilanti à en prendre la direction. Ali Tébélen, pacha de Janina s'allie aux Grecs en 1820 pour se soulever, aidé par le fameux Ypsilanti. Cette révolte tourne court quand Metternich juge que cette révolte est dangereuse pour les intérêts de l'Autriche en Europe centrale. Les chefs grecs achetés trahissent Ypsilanti lequel est désavoué par le tsar. Au moment où la révolte du pacha de Janina se termine, les Grecs font de la Morée, à partir de 1821, une forteresse où ils installent leur gouvernement à Nauplie.

La mission réclamée à l'origine par le sultan Mahmoud II consiste d'abord à étouffer le soulèvement de la Crête en

1823. Cela est fait rapidement et récompensé par l'octroi du pachalik de Candiè à Méhémet Ali. Cette acquisition est pour lui d'un grand intérêt, en raison de la position de l'île, voisine de l'Égypte.

Les échecs répétés des armées ottomanes en Morée, foyer principal de la révolte des Grecs, amènent le sultan à demander à Méhémet Ali d'intervenir. Le pacha accepte avec réticence car il a de bonnes relations commerciales avec les Grecs. Le 16 janvier 1824, le sultan envoie au pacha un firman le comblant d'éloges, le nommant l'exterminateur des infidèles et lui ordonnant d'aller soumettre la Morée dont il lui confère le pachalik. Boghos surnomme alors Méhémet Ali *Le Bonaparte de l'Afrique*[304].

Le vice-roi envoie 30 000 hommes ayant été entrainés par des encadreurs français au service du pacha et nomme Ibrahim pacha, généralissime du corps expéditionnaire. La flotte égyptienne composée de 63 navires de guerre et de 100 bâtiments de transport rejoint la flotte ottomane à Rhodes. Les Ottomans sont commandés par Khosrev, l'ancien pacha du Caire chassé par Méhémet Ali en 1805. Des désaccords ne tardent pas à surgir entre les deux hommes car Ibrahim pacha ne supporte pas d'être sous le commandement de Khosrew.

En janvier 1825, Ibrahim pacha débarque en Morée et pénètre assez facilement à l'intérieur des terres. Il se rend maître rapidement de Coron, Modon, Navarin, Patras et Tripolitza. Il ne se livre pas aux massacres et aux exactions qu'on lui prête en Occident. Le récit de Lauvergne, assez peu exploité, est à cet égard significatif :

L'indulgence et même la générosité présidèrent à sa conduite lors de son entrée en campagne... Ce qui fortifie l'opinion que j'avance, c'est ce que j'ai vu dans les plaines de Modon : des Grecs ont en ma présence baisé la main d'Ibrahim. Il les

---

[304] Gouin (E.), *op. cit.*, p. 378.

renvoyait en leur disant : « Dîtes partout que je suis votre père, que ma rigueur n'atteindra que les rebelles[305]

Seule la ville de Missolonghi oppose une résistance farouche. Reschid pacha qui n'arrive pas à la conquérir reçoit l'ordre suivant du sultan :

Missolonghi ou ta tête[306]

Ibrahim pacha aide les armées ottomanes à prendre Missolonghi qui tombe le 22 avril 1826. La chute de Missolonghi entraîne celle de toute l'Hellade. Une campagne « médiatique » commence en Europe visant à « barbariser » les armées ottomanes et égyptiennes.

La rumeur s'était répandue qu'Ibrahim pacha avait le dessein d'exterminer la population ou du moins de transplanter et d'expatrier les habitants pour peupler la contrée d'Égyptiens et d'Arabes. (...) Plus tard, les atrocités des Égyptiens dans la Morée, l'esclavage et le massacre organisés sur une vaste échelle (...) formèrent une nouvelle base de remontrances[307]

En Occident, l'opinion est mobilisée par des récits trompeurs ou tendancieux. Il faut par tous les moyens disqualifier les Ottomans et les Égyptiens, qui sont des infidèles dans ce combat qui les oppose à des chrétiens : l'esprit de croisade souffle à nouveau sur fond de nationalismes exacerbés.

---

305 Lauvergne (H.), *Souvenirs de la Grèce pendant la campagne de 1835,* Paris, 1826, p. 67.

306 Mouriez (P), *op.cit.* p. 297.

307 Sabry (M.), *L'Empire égyptien sous Mohamed-Ali et la question d'Orient (1811-1849),* Paris, 1930, p. 106.

En 1825, devant les victoires ottomanes, l'Europe se mobilise pour protéger les Grecs. Jusqu'alors l'Angleterre et la France ont rivalisé pour étendre leur protection sur le peuple hellène en lui envoyant des aides. Toutefois la France est partagée sur l'attitude à tenir en raison de ses relations privilégiées avec l'Égypte. Certains diplomates français, comme le comte Jourdan[308], pensent qu'il faut favoriser à la fois l'indépendance égyptienne et grecque pour en faire un point d'appui pour l'influence de la France en Méditerranée. Il va jusqu'à écrire à Ibrahim pacha pour lui conseiller de reconnaître l'indépendance de la Grèce et de proclamer celle de l'Égypte afin de former :

Un nouvel empire qui deviendra promptement un des plus beaux du monde[309]

L'onde de choc de la chute de Missolonghi, la campagne de romantiques tels que Byron en faveur de la Grèce et la peur de voir Ibrahim pacha édifier en Morée un État musulman empêche la réalisation d'un tel plan. Planat juge sévèrement l'activisme des intellectuels européens :

Nos poètes, en chantant toujours les Grecs de Périclès ou de Lycurgue, n'ont pas peu contribué à égarer des têtes[310]

Depuis 1823, des organisations ont été créées en France telles la *Société de la morale chrétienne* ou la *Société*

[308] Jourdan (J.B., comte) 1762-1833. Maréchal de France. Il participe à toutes les guerres révolutionnaires. Républicain sincère, il s'oppose au 18 Brumaire mais Bonaparte ne peut se passer de ce soldat de valeur. Sénateur, puis maréchal en 1804, il seconde le roi Joseph en Espagne. Il vote la déchéance de Napoléon en 1814 et est nommé pair sous la Restauration.

[309] Cité par Sabry (M.), *op. cit.*, p. 108.

[310] Planat (J.), *op. cit.*, p. 138.

philanthropique en faveur des Grecs. Elles ont pour membre des personnalités comme Chateaubriand, le duc de Choiseul ou Firmin-Didot. Ces sociétés organisent à Paris des ventes aux enchères et des expositions spectaculaires. La plus remarquée appelée *Salon des Grecs* se déroule du 17 mai au 3 juillet 1826. On y trouve des œuvres de Géricault, Guérin, Vernet, Delacroix, toutes consacrées à la cause de l'indépendance grecque. Delacroix, à lui seul, avec les scènes des *Massacres de Scio* ou *La Grèce sur les ruines de Missolonghi* apporte à la cause grecque le capital d'émotion nécessaire pour commenter un sujet d'actualité brûlant. Le pouvoir, quant à lui, est plus discret sur la question. Les Salons officiels de la Restauration n'accueillent que très peu d'œuvre sur ce sujet ne souhaitant pas donner une trop grande publicité à ces événements[311]. C'est une mobilisation de la société civile qui transforme la révolte grecque en événement majeur.
Quand Nestor L'Hôte arrive à Alexandrie, il trouve un pays et ses habitants aux antipodes de ce que la presse française distille dans ses colonnes. Il conseille à ses parents de ne pas croire les journaux en ce qui concerne Méhémet Ali et Ibrahim pacha.

Comme les idées que l'on se fait en France des Turcs et de l'Égypte sont fausses[312].

La France, sous la pression de ces mouvements d'intellectuels, décide d'intervenir aux côtés de l'Angleterre

---

[311] Outre Delacroix, on peut seulement citer des artistes comme Odevaere : *Lord Byron à Missolonghi* ou Pierre-Roch Vigneron : *Prise de Missolonghi* comme ayant traité la cause grecque dans les Salons officiels. Voir le catalogue de l'exposition *De David à Delacroix*, RMN, Paris, 1974, p. 376.
[312] Nestor L'Hôte, *op. cit.,* p. 46.

et de la Russie. C'est un renversement des alliances. Planat nous rapporte l'analyse faite en Égypte au sujet de l'attitude de la France :

Elle dérogeait essentiellement à son système politique en rompant ouvertement avec nous. Qu'a-t-elle à gagner à ces démêlés en agissant de bonne foi ? Elle n'y trouvera que le cher plaisir de la gloire militaire en échange de son influence commerciale, dès lors anéantie. Il nous reste donc à deviner les motifs d'une démonstration hostile, lorsqu'elle nous proteste de son dévouement dans nos divans par des chargés d'affaires, des consuls, et des marins ; lorsque ses chantiers nous sont ouverts à Marseille, et que des compagnies françaises traitent encore des récoltes du Nil. Elle a donc été entraînée par une combinaison forcée, qui n'appartient pas à ses combinaisons[313]

Les Puissances demandent alors à Méhémet Ali de se retirer de Morée et d'entrer par conséquent en révolte avec son suzerain. Depuis la campagne contre les wahhabites, la Porte ne peut réprimer aucune insurrection dans l'Empire sans le concours de son trop puissant vassal. Le sultan Mahmoud II est à la merci de Méhémet Ali. Fort de cet avantage, le pacha impose au sultan d'écarter Khosrew pour confier le commandement en chef des forces de terre et de mer, aussi bien que turques, qu'égyptiennes, à son fils, Ibrahim pacha. Plusieurs fois, les Puissances vont demander au vice-roi de se retirer. Elles s'attirent de la part du pacha, la réponse suivante :

Eh bien ! Mon fils se battra, ne lui restait-il qu'une planche, je le connais[314]

---

[313] Planat (J.), *op. cit.,* p. 236.
[314] Gouin (E.), *op. cit.,* p. 230.

Dans une lettre du 5 octobre adressée à son représentant à Constantinople, Méhémet Ali analyse avec lucidité la situation. Le déploiement des forces navales européennes en Méditerranée est peut-être un bluff mais dans le cas contraire si l'affrontement a lieu, il en sera tenu responsable[315].
Le pacha cherche une issue de sortie honorable. Il est pris entre sa fidélité à la Porte et les intérêts de l'Égypte. Les Puissances sont incapables de lui proposer une solution honorable pour toutes les parties. Elles essaient en vain d'obtenir sa neutralité :

Rigny, Codrington, Guillemot s'en tiennent aux conseils, aux exhortations, aux raisonnements : rien de substantiel n'est offert par eux au vice-roi ; et rien n'est fait pour mettre un obstacle matériel à l'exécution de ses projets[316]

En août 1827, les escadres anglo-franco-russes sous le commandement de l'amiral Codrington vont prendre position entre Hydra et Thermia pour empêcher toute action d'Ibrahim pacha contre Hydra. Ce dernier consent à un armistice et regroupe ses forces à Navarin. Profitant de cette situation, les Grecs continuent la guerre dans le Péloponnèse, violant tous les accords. Pour se défendre, Ibrahim pacha sort sa flotte pour se porter au secours de Patras. Ce mouvement est considéré comme une rupture de l'armistice.

Sous le prétexte qu'un coup de feu avait été tiré sur un navire allié, le 20 octobre eu lieu la célèbre bataille de Navarin qui amena la destruction de la flotte égyptienne[317]

---

[315] Sabry (M.), *op. cit.,* p. 146.
[316] Hanotaux (G.), *op. cit.,* t. VII, p. 112.
[317] Sabry (M.), *op. cit.,* p. 148.

La destruction de la flotte égyptienne est une aubaine pour l'Angleterre qui voit l'anéantissement d'une marine réputée la plus puissante de la Méditerranée orientale. Navarin, grâce à un prétexte, est une destruction délibérée d'une flotte au mouillage. Les Égyptiens ne comprennent pas que les Français participent à l'agression d'une flotte qu'ils ont largement contribué à construire. Moharram-bey, préfère se retirer en pleine action pour ne pas avoir à commander le feu contre les Français qu'il persiste à considérer comme des alliés.

La France comprend très vite qu'elle a plus perdu que gagné dans un conflit qui n'était pas le sien. L'Angleterre a brisé un équilibre à son profit au détriment des relations franco-égyptiennes. La France doit renouer au plus vite avec le pacha :

Après Navarin, il est ordonné à Drovetti en congé à Marseille de retourner d'urgence à Alexandrie pour assurer le pacha des sentiments amicaux de la France, de le déterminer à rappeler ses troupes de Morée, lui assurer que le Gouvernement français continuera à favoriser les constructions navales du pacha et à ouvrir ses écoles à de jeunes égyptiens[318]

Comme on le voit, la France essaie de rattraper le cours des événements en employant le seul argument qui puisse se faire entendre du pacha.

Vaincu sur mer, les troupes ottomanes sont toujours en Morée. Les Puissances demandent à Méhémet Ali d'évacuer ses troupes. Commence alors une négociation difficile à laquelle participe activement la France qui souhaite se poser en intermédiaire obligé entre l'Égypte et ses alliés.

---

[318] Lettre du 21 décembre 1827 du baron de Damas (ministre des Affaires Etrangères) à Drovetti (A.E.– Correspondance consulaire. Carton Alexandrie 1828-1830).

Le pacha estime que toute évacuation rapide de la Morée nuit à son prestige et à son honneur :

Le plus lâche des généraux européens regarderait pareil procédé comme un affront fait à son rang et à sa réputation militaire[319]

Après la persuasion, les Puissances essaient la menace. Ils lui font part de leur projet d'envahir l'Égypte. Le pacha leur répond qu'il ravagerait le delta avant de se retirer en Haute-Égypte pour reconquérir le pays. Devant tant de détermination, Drovetti écrit à Paris :

On ne gagne rien sur cet homme par des menaces[320]

Pour aboutir, la France envoie en septembre 1828 un corps expéditionnaire en Morée sous les ordres du général Maison[321] pour convaincre Ibrahim pacha de se retirer. Les deux généraux font assaut de courtoisie mais rien ne se passe sur le terrain. Entre temps, Codrington convaint Méhémet Ali de retirer ses troupes. La convention d'Alexandrie du 9 août stipule que

L'évacuation de la Morée par les troupe égyptiennes à l'exception de quelques places fortes, la restitution des esclaves grecs qu'Ibrahim pacha avait enlevés en Morée et

---

[319] Lettre de Drovetti à M. de la Ferronays du 20 mars 1828 (A.E.– Correspondance consulaire, carton Alexandrie 1828-1830).

[320] Lettre du 6 mai 1828 de Drovetti à M. de la Ferronnays (A.E.– Correspondance consulaire, carton Alexandrie 1828-1830).

[225] Maison (N.J.) 1771-1840. Il participe à toutes les guerres de la République et de l'Empire. Il rallie la Restauration qui le comble de faveurs. Comte d'Empire, il est fait marquis et pair par le nouveau régime, maréchal en 1829.

l'envoi de bâtiments en Grèce pour assurer le retour de l'armée sous la protection des escadres alliées[322]

Le 10 octobre, Ibrahim pacha débarque avec ses troupes à Alexandrie.

Le problème du rachat des esclaves grecs n'est pratiquement jamais évoqué dans les études consacrées à la campagne de Morée. La France choisit de s'y employer avec énergie ce qui va lui valoir bien des surprises.
Au moment de la convention d'Alexandrie, le nombre d'esclaves grecs conduits en Égypte après la bataille de Navarin est estimé à 2 ou 3 milles. Gros, mandaté par le gouvernement français est obligé de convenir que le nombre d'esclaves a été nettement surévalué :

Le nombre d'esclaves grecs, que l'on suppose avoir été conduits en Égypte, a été sans doute exagéré. Une opinion assez généralement répandue le porte à peu près trois mille. Il faut remarquer cependant, qu'après le combat de Navarin et au moment où l'armée d'Ibrahim pacha a cru que les Puissances alliées allaient prendre définitivement l'offensive contre elle, presque tous les Européens ou les chrétiens employés à cette armée ont renvoyé ici leurs femmes et leurs enfants qui ont été pris pour autant de Grecs que l'on envoyait sur les marchés de l'Égypte[323]

Il est passé également sous silence que de nombreux Grecs sont devenus musulmans après des siècles d'occupation ottomane. Ils choisissent de partir vers l'Égypte quand ils se rendent compte que l'indépendance de la Grèce est proche et

---

[322] Sabry (M.), *op. cit.*, p.158.
[323] Lettre de Drovetti au comte de la Feronnays du 27 août 1828 (A.E.– correspondance consulaire, carton Alexandrie 1828-1830).

qu'ils n'auront pas de place dans un État orthodoxe. Les Grecs qui arrivent en Égypte par la ville de Rosette prennent le nom de Rachid (Rosette en arabe).
Le nombre estimé d'esclaves est revu à la baisse et passe désormais à 1 200 ou 1 400. En fait, Gros n'est pas au bout de ses surprises : les chrétiens possèdent également des esclaves grecs !

Le pacha, ses officiers et les Turcs qui ont un peu de fortune ont tous des esclaves. Les Grecs et les Arméniens en ont aussi[324]

Plus grave encore, aux yeux de Gros, les chrétiens cherchent à le tromper dans ses recherches et ne pratiquent pas la solidarité confessionnelle espérée pour faire libérer les esclaves grecs.

Les Grecs libres, appartenant à la classe ordinaire, cherchent à abuser de notre bonne foi. Plusieurs d'entre eux ont déjà tenté de se faire vendre par de prétendus maîtres, dans l'espoir de s'échapper ensuite et de partager avec eux le prix que nous aurions payé pour leur rançon[325].

Les Juifs, les Arméniens et les Grecs demandent des sommes exorbitantes pour des esclaves qu'ils n'ont pas le droit d'avoir, ou ils les cachent s'ils ne veulent pas s'en défaire[326]

Au contraire, le pacha libère ou fait libérer des esclaves à chaque demande du consul[327]. Il fait libérer 106 jeunes

---

[324] Lettre de M. Gros au comte de la Ferronays du 13 septembre 1828 (A.E. –Correspondance consulaire, carton Alexandrie 1828-1830).
[325] Lettre de M. Gros au comte de la Ferronnays du 16 octobre 1828 (A.E. – Correspondance consulaire, carton Alexandrie 1828-1830).
[326] *Ibid.*
[327] On trouve mention que le pacha ait laissé le choix aux esclaves grecs embarqués sur ses bâtiments de rester à son service ou de retourner dans

esclaves qui étaient élevés à ses frais dans une maison d'éducation du Caire. Le consul Mimaut qui a succédé entre temps à Drovetti écrit :

Le Vice-roi a montré dans cette circonstance, comme en tout ce qui tient à mes relations avec lui au sujet des Grecs, beaucoup de noblesse et de générosité. On a laissé aux jeunes élèves de la maison du Caire tous les effets de corps et d'habillement ; on me les a remis suffisamment pourvus de tout, et, sauf quelques maux d'yeux, dans un bon état de santé[328]

Quand Gros quitte l'Égypte, il n'a réussi à acheter que 120 esclaves. Sa croisade pour arracher des Grecs de l'esclavage tourne au fiasco. Le nombre d'esclaves pris en Morée a été nettement surévalué pour diaboliser le pacha et son fils Ibrahim pacha pour rendre la cause hellène totalement héroïque aux yeux d'une opinion publique européenne totalement convaincue de la barbarie des troupes ottomanes.

---

leur pays (Lettre de Mimaut à Sébastiani du 10 décembre 1830 ; A.E. – Correspondance politique. Égypte II fos 99 -102) ou encore il fait racheter des esclaves qu'il envoie au consul de France (Lettre de Mimaut au prince de Polignac du 24 juin 1830 (A.E. – Correspondance consulaire, carton Alexandrie 1828-1830) ou encore il enlève à un officier turc une esclave : *l'ayant rendu père, et de plus étant musulmane. Ce dernier point était grave, il fallait recourir au muphti, tout le monde doutait du succès. J'ai dit nettement la vérité au Vice-roi, je lui ai prouvé que son officier turc était un imposteur, parce qu'un musulman ne doit pas vendre sa femme ou il doit payer ce crime de sa tête. Méhémet Ali a bien su se passer du muphti (...), il m'a envoyé le firman qui ôte à l'officier turc tout droit sur l'esclave grec et ordonne qu'elle soit rendue à la liberté* (Lettre de Mimaut au comte Molé, A.E. – Correspondance consulaire, carton Alexandrie 1830-1831).

[328] Lettre de Mimaut au maréchal marquis Maison du 16 novembre 1830 (A.E. – Correspondance consulaire, carton Alexandrie 1830-1831).

Les Puissances ayant négocié directement avec Méhémet Ali sans l'intermédiaire de la Porte, pour terminer la guerre de Morée, l'ont implicitement reconnu comme un souverain de fait. Le pacha perd au cours de cette campagne 30 000 hommes et une flotte complète pour abattre une révolte que le sultan est incapable de mâter. Cet épisode provoque :

- L'idée d'une compensation pour les pertes énormes :

Deux fois, après des campagnes, celle des Wahabis et de la Morée, il lui avait promis (le sultan) *le pachalik de Syrie à titre d'indemnité pour les services rendus*[329]

La promesse n'est pas tenue et la Syrie reste l'objet de la convoitise du pacha.

- La rupture en germe entre Méhémet Ali et la Porte car le pacha ne comprend pas que l'Empire ottoman ne puisse se réformer et l'entraîne dans des aventures militaires catastrophiques.
- Un désaccord entre le père et le fils. Ibrahim pacha à la tête d'une armée d'élite ne supporte pas pendant la première partie de la guerre de Morée d'être sous le commandement ottoman. Une tension entre les deux hommes commence à poindre. Il est vrai que depuis la campagne contre les Wahhabites où le sultan, en décernant le titre de pacha de la Mekke à Ibrahim le faisait le premier pacha de l'Empire, cherchait à créer des conflits entre le père et le fils.

Cet honneur suprême avait pour but d'éveiller du titulaire des ambitions coupables et de faire naître le désordre de la famille souveraine d'Égypte. La conduite sagement et

[329] Gouin (E.) *op. cit.*, p. 417.

filialement respectueuse de l'aîné du Vice-roi déjoua le machiavélisme[330].

A partir de la guerre de Morée, Ibrahim souhaite de plus en plus séparer le destin de l'Égypte de celui de la Porte tandis que Méhémet Ali, tout aussi critique, ne peut se résoudre à s'engager plus avant dans la voie de l'indépendance.

Ce pacha énergique dans les moments difficiles, mais naturellement prudent et circonspect, ne se séparera publiquement de la Porte que dans le cas où les intrigues des ministres de Constantinople lui donneront lieu de craindre pour son existence ou pour la continuation de son commandement[331]

---

[330] *Ibid.*, p. 417.

[331] Lettre du colonel Juchereau de Saint-Denys au prince de Polignac du 4 septembre 1829 (A.E. – Correspondance consulaire, carton Alexandrie 1828-1830).

CHAPITRE XVI
L'AFFAIRE D'ALGER
1827-1830

L'affaire d'Alger[332] est provoquée par deux constations du Gouvernement français :

- Le ministère Polignac estimant que l'Empire ottoman est en train de se décomposer, la France peut indirectement en récupérer des morceaux. Les États barbaresques (Alger, Tripoli, Tunis) quasiment indépendants peuvent être conquis par Méhémet Ali et réunis à son pachalik avec l'accord de la Porte :

Mohammed Aly, vassal du sultan, installerait à Alger un pouvoir indépendant du Caire, sous la vague suzeraineté de Constantinople[333]

- La France au regard de ses relations privilégiées avec la Porte espère par son truchement reconquérir une influence sur cette partie de la Méditerranée. Il s'agit pour la France de favoriser la création d'un véritable empire égyptien qui serve également ses visées

Alors que les influences de la Russie et de l'Angleterre dominent alternativement à Constantinople et en Morée, celle de la France l'emportera à Alexandrie. Une puissance sera

---

[332] L'ouvrage de référence reste celui du commandant Douin : *Mohammed Aly et l'expédition d'Alger 1829-1830,* Le Caire, 1930.
[333] Hanotaux (G.), *op. cit.,* t. VI, p. 122.

créée dont les intérêts ne permettront pas de nous exclure des discussions de l'Orient[334]

La France souhaite encourager Méhémet Ali à conquérir les États barbaresques mais aussi à long terme la Syrie :

Les motifs politiques qui peuvent déterminer à laisser incorporer la Syrie à l'Égypte, dès que les circonstances favoriseront ce projet, sont faciles à apprécier. Cette province sera plus aisée à soumettre et à conserver que les États barbaresques ; elle serait un accroissement plus réel de croissance. Les avantages que nous assurerait cette réunion, sous le rapport commercial, paraissent inappréciables[335]

Polignac envoie, pour négocier avec Méhémet Ali, le capitaine Huder qui parle turc. Le gouvernement français est prêt à offrir au pacha dix millions de francs à condition que l'expédition ait lieu sans le moindre retard. En retour, le pacha exige que l'expédition soit placée sous le commandement d'Ibrahim pacha.

Les négociations traînent car la France et l'Égypte veulent se concilier les autres puissances par peur des conséquences diplomatiques. Faute d'un réel consensus sur les modalités de la conquête, Méhémet Ali se rapproche de l'Angleterre tandis que la France fait de même avec la Porte afin

Qu'elle ne vit pas dans le projet d'Alger l'effet d'une entente secrète avec Mohammed Ali et qu'elle n'en conçut pas de jalousie[336]

---

[334] Aperçu sur la situation politique de l'Égypte en 1818 et 1829 par M. de Cohorn (A.E. – Correspondance politique. Égypte II fos 20-29).
[335] *Ibid.*
[336] Sabry (M .), *op. cit.*, p. 177.

La France veut se ménager la possibilité de reculer dans le cas où l'Angleterre et la Porte s'opposeraient à son projet. De son côté, Méhémet Ali pour gagner du temps rassure la France par des déclarations de ce genre :

Puisse votre roi vivre longtemps pour le bonheur de son peuple, pour ses amis et ses alliés, et aussi pour son serviteur Méhémet Ali[337]

Polignac envoie Guillemot obtenir l'appui de la Porte. Dans un premier temps, elle accepte puis revient sur son accord sous la pression de l'Angleterre, en proposant une solution de rechange.

Il était clair que la Porte ne voulait adopter le projet français, parce qu'il n'était exécutable qu'avec le pacha d'Égypte dont il faisait observer qu'elle est bien plus disposée à restreindre qu'à augmenter la puissance. Craignant d'autre part que la France, poussée à bout, ne prit la résolution formelle d'attaquer la Régence d'Alger, de la détruire pour y substituer un nouvel ordre de choses, et que Méhémet Ali ne fit alliance avec elle dans l'espoir d'y trouver son profit, elle s'empressait de proposer Taher pacha comme moyen terme[338]

Après ce refus, la question d'une expédition contre Alger est définitivement écartée. En retour, la France fait savoir au pacha que sa réponse n'entame pas la qualité de ses relations avec l'Égypte.

---

[337] Lettre de Mimaut au prince de Polignac, 26 juin 1830 (A.E. – correspondance politique. Égypte II fos 46-51).
[338] Douin (Ct), *op. cit.*, p. XXV.

La Porte prend de plus en plus conscience de la montée en puissance de son encombrant vassal et cherche désormais à lui susciter un rival.

La conclusion de cette affaire intervient peu de temps après la révolution de juillet 1830. La nouvelle officielle du changement de gouvernement en France parvient en Égypte le 15 septembre 1830. Mimaut, le consul de France à Alexandrie écrit :

> *J'ai reçu (...) le récit officiel des événements qui se sont passés en France à la fin de Juillet, du changement de gouvernement, et de l'élévation au trône constitutionnel, par les vœux de la nation et par la proclamation des Chambres, Mgr le duc d'Orléans sous le nom de Louis-Philippe Ier*[339]

La sympathie du pacha pour le roi Louis-Philippe est immédiate comme a plaisir à le noter Mimaut.

---

[339] Lettre de Mimaut au comte de Molé du 15 septembre 1830 (A.E – Correspondance politique. Égypte II fos 75-78).

CHAPITRE XVII
MEHEMET ALI ET LOUIS-PHILIPPE

Rien à première vue ne semble rapprocher l'ancien marchand de tabac de Cavalla, devenu pacha d'Égypte du duc d'Orléans, fils du régicide, devenu roi des Français. Or, ils possèdent bien des points communs. La France épouse en grande partie les intérêts de l'Égypte pendant le règne de Louis-Philippe ce qui va largement contribuer à rapprocher les deux souverains qui néanmoins ne se rencontreront jamais. Des liens quasi-familiaux se nouent entre les deux familles car les princes égyptiens, fils ou petit-fils du pacha qui viennent étudier en France ont des contacts constants avec les enfants de Louis-Philippe. Le don de l'obélisque de Louxor ou l'envoi de huit chevaux arabes dont celui que montait Ibrahim pacha à la bataille de Nézib contribuent largement à populariser l'image du pacha en France.
Méhémet Ali comme Louis-Philippe doivent leur trône à une révolution. Le pacha est élu le 12 mai 1805 après une révolte au Caire tandis que Louis-Philippe monte sur le trône après *Les Trois Glorieuses* (28, 29, 30 juillet 1830) qui renversent le roi Charles X.
Tous les deux ont un parcours tortueux semé d'embûches pour conquérir le pouvoir. Nous avons évoqué les difficultés de Méhémet Ali qui après bien des louvoiements est nommé pacha. Louis-Philippe au prix d'un itinéraire périlleux se fraie un chemin vers la couronne. Son cousin le roi Louis XVIII, conscient des agissements du duc d'Orléans fait cette remarque d'une grande lucidité :

Il ne se remue pas mais je m'aperçois qu'il chemine[340]

D'ailleurs Louis-Philippe a le même pragmatisme politique que le pacha car on lui prête cette réflexion :

Si la couronne tombe, je la ramasse[341]

Les deux souverains affectent une simplicité recherchée. Tous les voyageurs louent l'élégante simplicité du pacha tandis que le roi Louis-Philippe porte la tenue d'un bourgeois parisien. Pour se promener à pied dans les rues de Paris ou de Neuilly, il revêt une tenue invraisemblable qui devient légendaire, vieil habit, chapeau défraîchi, parapluie sous le bras.

Le pacha et le roi des Français ont l'esprit mercantile. Le père de Louis-Philippe avait déjà au grand scandale de la cour de Louis XVI, installé des boutiques au rez-de-chaussée de sa résidence parisienne du Palais-Royal. Cela avait valu au futur Philippe-Egalité cette boutade de Louis XVI :

Alors, mon cousin, vous ouvrez boutique. On ne vous verra pas dimanche ?

Le futur roi Louis-Philippe, ruiné par la faillite de son père, s'emploie à partir de 1815 à reconquérir sa fortune bribe par bribe. Il est passionné par les affaires d'argent et parle comme un boutiquier.
Méhémet Ali s'est conduit toute sa vie en habile commerçant, vivant entouré de commerçants européens et arméniens :

---

340 Bertaut (J.), *Louis Philippe intime,* Paris, s.d., p. 54.
341 *Ibid.,* p. 58.

Peu de temps après son mariage, Méhémet Ali se livra au négoce du tabac. Ses opérations devinrent lucratives et lui inspirèrent cet amour, cette science du commerce que depuis il a toujours conservés[342]

Louis-Philippe comme Méhémet Ali ont une grande affection pour leurs enfants. On a évoqué la grande douleur du pacha à la mort de son fils Toussoun pacha mais celle de Louis-Philippe n'est pas moins grande à la mort accidentelle de son fils, le duc d'Orléans en 1842.

Ils éprouvent les mêmes angoisses devant les dangers encourus par leurs fils au cours des expéditions militaires. Méhémet Ali écrit à Ibrahim pacha :

Mon fils, je t'aime et j'aime ton frère Ismaïl comme mes yeux et mon âme, et si je vous expose à d'aussi rudes épreuves et vous éloigne de votre pays, c'est pour que nous nous procurions des avantages qui rehaussent votre pays.

La conquête de l'Algérie qui expose le duc d'Aumale rend le roi Louis-Philippe tout aussi soucieux.

Les deux souverains contribuent à établir et à entretenir un mythe napoléonien. Ils ont parmi leurs collaborateurs des anciens serviteurs de Napoléon. Comme nous l'avons vu toute sa vie, Méhémet Ali fait référence à l'empereur tandis que le roi Louis-Philippe orchestre de manière grandiose le retour des cendres, point d'orgue de sa politique de réconciliation nationale.

[342] Gouin (E.), *op. cit.*, p. 152.

CHAPITRE XVIII
LES SAINT- SIMONIENS

L'inspirateur de la doctrine saint-simonienne est Charles-Henri de Rouvroy, comte de Saint-Simon (1760-1825). Petit cousin du fameux duc, il est inconnu du grand public de son vivant et célèbre après sa mort. Le comte de Saint-Simon est le premier théoricien de l'âge industriel. Il estime que la société doit être organisée pour la production mais que la société ne peut vivre sans idéal, sans religion. Il prétend fonder une nouvelle société qu'il appelle le *Nouveau christianisme*[343]. Il laisse des ouvrages où il développe sa doctrine : *Réorganisation de la Société Européenne* (1814), *La Politique* (1818), *Catéchisme des Industriels* (1823-1824). L'histoire du mouvement issu de sa pensée commence le jour de sa mort. Les premiers saint-simoniens comme Olinde Rodrigues[344] et Léon Halevy sont persuadés d'être à l'origine d'une révolution culturelle et cultivent un sentiment de supériorité qui

> *Ne favorisa pas la diffusion de la doctrine hors d'un petit cercle d'initiés qui compta toujours un nombre très réduit de membres, même si ceux-ci se répartissent sur l'ensemble du territoire national voire dans plusieurs pays étrangers*[345].

---

[343] Charléty (S.), *Histoire du Saint-simonisme (1825-1864),* Paris, 1931.
[344] Né à Bordeaux en 1794, mort à Paris en 1851. Il est l'héritier le plus proche de la pensée de Saint Simon. D'abord répétiteur de mathématiques à l'Ecole polytechnique où il fait de nombreux adeptes, il devient directeur de la Caisse hypothécaire.
[345] Prochasson (C.), *Saint Simon l'Anti Marx,* Paris, 2005, p. 130.

Ils furent à la fois des fidèles et des missionnaires. Mais c'est Barthélémy-Prosper Enfantin qui va réellement lancer le mouvement alors qu'il n'a rencontré qu'une fois Saint-Simon. Il est le fondateur aux côtés de Rodrigues et d'Halévy du journal *Le Producteur, Journal Philosophique de l'Industrie, des Sciences et des Beaux Arts*, le 1er juin 1825.

Le Saint Simonisme n'est encore ni une théologie, ni une Eglise, il n'est qu'un état d'esprit[346]

Les idées développées par le *Producteur* provoquent un vif débat dans la presse dans les années 1825-1826. Le journal *Le Globe* représentant du pur libéralisme, attaque durement ces tenants de la science

Autorité absolue en politique et en morale[347]

Les saint-simoniens s'efforcent d'introduire la science de la politique et entretiennent la polémique. Stendhal écrit à leur sujet une brochure en 1825 intitulée *D'un nouveau complot contre les Industriels*, Benjamin Constant qui les appellent

Les prêtres de Thébes et de Memphis[348]

Il les accuse de rêver d'un *papisme industriel*[349]. Le *Producteur* cesse de paraître en octobre 1826. Leur propagande leur rallie des ingénieurs, des polytechniciens et des médecins. En même temps la doctrine s'affine et progresse.

---

346 Charléty (S.), *op. cit.,* p. 31.
347 *Ibid.,* p. 41.
348 *Ibid.,* p. 42.
349 *Ibid.,* p. 59.

L'association universelle révélée par Saint Simon n'est que la traduction en langage politique de la plus générale des conceptions ; c'est l'image même de Dieu. Elle est fondée, non sur des statuts, mais sur une vérité plus large qui ait été dite : la triple capacité de l'homme à aider Dieu, à le comprendre, à le servir[350]

Peu à peu la doctrine évolue en *Eglise* terme qui apparaît dès 1827. À cette époque, les saint-simoniens optent pour une organisation qui s'apparente à celle de la primitive Eglise chrétienne. Emile Barrault se fait l'avocat d'une conception bien terrestre de la divinité sur laquelle les hommes peuvent appuyer leur plaisir de vivre[351]. Le jour de Noël 1829, les anciens saint-simoniens qui forment un collège élisent deux chefs : Enfantin et Bazard[352] *les Pères* et s'organisent en *Famille.* Le mouvement, qui à l'origine est constitué de représentants de l'élite intellectuelle, gagne les couches populaires par la propagande en milieu ouvrier à Paris et en province où il existe des églises saint-simoniennes fortement organisées. A Paris, on assiste à la création d'un réseau par quartiers où l'on trouve des maisons d'associations. Le modèle familial détermine une vie communautaire intense.
En 1830, la révolution les prend de court. Ils estiment que Louis-Philippe n'apportera rien de nouveau. Ils se détournent de ce qu'ils considèrent comme *la représentation d'une vieille comédie* ou des formes de la vie politique assimilée à des *fantasmagories parlementaires*[353].

---

[350] *Ibid.,* p. 59.
[351] Prochasson (C.), *op. cit.,* p. 136.
[352] Saint-Amand Bazard (1791-1832). Il est un des fondateurs de la charbonnerie française.
[353] Chevalier (M.), *Classes laborieuses, classes dangereuses,* Paris, 1958, p. 60.

La famille saint-simonienne éclate en novembre 1831 au sujet du statut de la femme dans la société. Saint-Simon n'avait pas prononcé le nom de la femme. Il ne s'était pas préoccupé de son rôle dans la vie sociale, ni de son rôle dans la vie familiale. La conception des saint-simoniens est proche de la conception chrétienne : le mariage est la règle, la base de la société. Enfantin qui souhaite convertir un grand nombre de femmes au saint-simonisme, prêche alors

L'aménagement de la loi du mariage car l'éternelle fidélité ne tient pas compte d'instincts profonds de la nature humaine (...) Deux instincts fondamentaux règlent le rapport des sexes : la constance et la mobilité. Il faut les utiliser dans l'avenir, de manière que le caractère des personnes changeantes ou fidèles, des « mobiles » et des « immobiles », soit pour elles une source de joies et non de douleurs, de fêtes et non de deuil[354]

Bazard s'oppose à Enfantin sur ce sujet. Il meurt le 25 août 1831 ce qui laisse Enfantin seul à la tête de la famille saint simonienne.

En 1832, les saint-simoniens commencent à être en butte aux tracasseries du pouvoir, inquiets des succès d'une propagande où les insurrections ouvrières dont celle de Lyon peuvent puiser des motivations. Un procès leur est intenté pour immoralité et escroquerie. Après six mois d'enquêtes, on écarte les motifs d'hostilité au roi et d'escroquerie pour ne retenir que celui d'immoralité. Le procès dure deux jours les 27 et 28 août 1832. Le Père Enfantin est accusé d'outrage à la morale publique et aux bonnes mœurs. Les écrits du Père Enfantin présentent le saint-simonisme sous les apparences d'une morale sexuelle débridée[355]. Les autres prévenus sont

[354] Charléty (S.), *op. cit.,* p. 127.
[355] Prochasson (C.), *op. cit.,* p. 143.

Chevalier, Lambert, Hoart, Bruneau, Rigaud et Rodrigues. Seuls Enfantin et Chevalier sont condamnés. Ils entrent le 15 décembre 1832 à la prison de Sainte-Pélagie.
Du fond de sa prison, Enfantin pense à l'Orient mais il lui faut le justifier par rapport à la doctrine saint-simonienne :

Le Père avait eu une idée : elle se précisa sous forme d'une révélation : l'Orient représentait à la fois une face morale et une face politique du monde. Il ne fallait pas le détruire, non ! Mais l'unir à l'Occident[356]

Le 26 janvier 1833, Enfantin écrit de sa prison à Barrault :

J'entends du fond de ma prison, l'Orient qui s'éveille et qui ne chante point encore, qui crie. Je vois l'étendard du Prophète souillé, brisé (...) Le Nil a rompu ses digues et se répand plus loin qu'il n'a jamais marché, portant les germes que Napoléon a semés sur les bords et que Méhémet a fécondés (...) La grande communion se prépare (...) L'Orient éclaira jadis l'Occident, envoyons-lui la lumière[357]

En attendant Barrault[358] fonde le 22 janvier 1833, une association *Les compagnons de la Femme*. Le Père est en

---

[356] *Ibid.*, p. 206.

[357] Cité par Armogathe (D.), *L'appel de l'Orient, les Saint-simoniens à Marseille* in *Le miroir égyptien, op. cit.*, p. 190.

[358] J'emprunte cette note au livre d'Anne Levallois, paru à Paris en 2005 : *Les écrits autobiographiques d'Ismayl Urbain*. Emile Barrault, né en 1802 à l'île Bourbon, avait été professeur de lettres au prestigieux collège de Sorrèze qui formait aux carrières du siècle les fils de la grande bourgeoisie (...) Après l'incarcération du père Enfantin, Emile Barrault a considéré « l'association saint-simonienne comme dissoute » et a institué « l'association des COMPAGNONS DE LA FEMME » le 15 janvier 1833 afin d'aller chercher la MERE en Orient : comme les chevaliers se croisèrent pour délivrer le tombeau du Christ ; nous, COMPAGNONS DE LA FEMME, nous irons chercher en Orient, non pas le sépulcre mais la VIE » (la typographie est strictement saint-simonienne).

prison, la Mère sera en Orient ! Barrault part à Constantinople avec les plus fervents des Compagnons de la Femme. Parmi eux se trouvaient Cayol, Félicien David, Decharme, Cognat, Granal, Alric et Ismaïl Urbain. Cette expédition se solde par un cuisant échec car le sultan Mahmoud II les chasse. En mars 1833, ils partent prêcher sur les côtes de Grèce et d'Asie Mineure avant de débarquer à Alexandrie.
Le Père est gracié le 1er août 1833. Il décide d'organiser le départ en Égypte de ses compagnons. Le gouvernement de Louis-Philippe voit d'un très bon œil le départ d'Enfantin et de ses comparses pour l'Égypte car ce sont des fauteurs de troubles qui s'éloignent.
Prosper Enfantin s'embarque le 23 septembre 1834 sur un bateau autrichien *Le Principe Eréditario*. Il a comme compagnons Fournel, Lambert et Ollivier. Il y a différents départs qui s'étalent jusqu'au 13 décembre 1834. Au total 81 saint-simoniens arrivent en Égypte[359]. Enfantin, au moment du départ a dit :

Nous n'appelons aucune femme en particulier mais nous regardons toutes celles qui viennent à nous comme des envoyées de Dieu[360]

Suzanne Voilquin[361], Clorinde Rogé, Cécile Fournel se joignent à eux.
A son arrivée en Égypte, Enfantin rencontre le consul de France Mimaut et trouve protection auprès du notable grec, le

---

[359] Régnier (Ph.), *Les Saint Simoniens en Égypte (1833-1851),* Le Caire, 1989.
[360] Ivray (J. d'), *L'aventure saint-simonienne et les femmes,* Paris, 1930, p. 118.
[361] Elle écrit après son séjour en Égypte : *Journal d'une fille du peuple,* réédité à Paris en 1978.

comte Zizinia. Soliman pacha leur apporte immédiatement un soutien fidèle et efficace.

CHAPITRE XIX
L'EPOPEE SAINT- SIMONIENNE EN ÉGYPTE

Prosper Enfantin ne rencontrera jamais Méhémet Ali. A sa manière, Enfantin reconnaît le pacha pour un des leurs. Dans une lettre du 18 novembre 1833 à Hoart et Bruneau, Enfantin se montre intéressé par la procédure d'indemnisation des anciens propriétaires privés de rente viagère. La collectivisation, assumée par le maître de l'Égypte en sa personne, a déjà réalisé l'une des conditions définies par les saint-simoniens pour la réorganisation de la société européenne selon les principes de l'industrie[362]. Méhémet Ali est pour lui

Le centre du Nouveau Monde[363]

Les saint-simoniens se placent dans la continuité de la politique de Bonaparte

Etendre les irrigations de la culture, ouvrir une communication constante entre la Méditerranée et le golfe arabe[364]

Prosper Enfantin souhaite conduire trois projets :

- La construction d'un chemin de fer, Suez - Le Caire. Fournel présente un projet au pacha le 15 novembre 1833 avec une maquette de plâtre et de bois. Sur ce projet, Méhémet Ali donne la préférence aux Anglais.

---

[362] Régnier (Ph.), *op. cit.*, p. 13.
[363] Charléty (S.), *op. cit.*, p. 223.
[364] Régnier (Ph.), *op. cit.*, p. 11.

- Le barrage sur le Nil : Enfantin décrit le projet comme suit :

Barrer le Nil à la naissance des deux branches de Rosette et de Damiette, afin d'avoir en tout temps, même aux époques des plus basses eaux une hauteur pour les eaux d'irrigation presque égale à celle des moments d'inondation, et cela sans interrompre la navigation[365]

Prosper Enfantin se voit à la tête des travaux. Méhémet Ali, dès le début de son gouvernement de l'Égypte, a établi le statut des Européens qui travaillent pour lui. Le responsable des travaux ne peut être qu'un fonctionnaire égyptien en l'occurrence Linant de Bellefonds[366], ingénieur en chef d'Égypte. De plus le pacha ne souhaite pas que les Européens à son service s'installent durablement[367].
Le Père Enfantin et Lambert participent aux travaux en qualité de *misafir* c'est-à-dire d'invités.
La première pierre est posée le 15 août 1834. Le Père Enfantin et Barrault sont reçus par Moukhtar bey (Président de la commission des Barrages) et de Soliman pacha. Sur la pierre est gravée :

N-M-A, Napoléon – Méhémet Ali[368]

---

365 Charléty (S.), *op. cit.,* p. 49.

366 Linant de Bellefonds (1799-1883) Officier de marine, il entre au service du pacha le 13 mai 1831 en qualité d'ingénieur hydraulicien en Haute-Égypte. Il est élevé à la dignité de bey en 1847. Ismaïl pacha le nomme ministre des travaux publics en 1869 et le fait pacha en 1873.
367 Régnier (Ph.), *op. cit.,* p. 49.
368 Charléty (S.), *op. cit.,* p. 203.

Dès juillet 1835, les plans et le devis sont présentés au pacha. Mais les travaux s'interrompent vite car la peste décime les ouvriers. Enfantin préfère se réfugier en Haute-Égypte devant l'ampleur de l'épidémie. Les travaux reprennent en mars 1837 grâce à l'impulsion d'Ibrahim pacha qui met l'armée à la disposition du projet. Cette reprise est de courte durée car dès le mois de mai 1837, Méhémet Ali ne souhaite plus la réalisation du barrage, en raison des mauvaises relations qu'il entretient à ce moment-là avec la France qui refuse de reconnaître l'indépendance de l'Égypte.
En fait, le barrage sera fait plus tard par Mougel à un autre emplacement et avec d'autres moyens techniques.

- Les projets saint-simoniens concernant le canal de Suez tourneront également court. Le 10 janvier 1834, Méhémet Ali par un firman autorise Enfantin, Ollivier et Petit à se rendre dans la région de Suez. Enfantin cherche à retrouver les vestiges des anciens travaux de l'époque pharaonique et ceux du calife Omar et d'Ali bey. Le travail des saint-simoniens se limitera à un simple repérage mais à son retour en France le Père Enfantin détaille tous les aspects : politique, financier et technique. Il faut attendre encore quelques années pour que le projet se réalise grâce aux études de Linant de Bellefonds et des saint-simoniens.

Les saint-simoniennes, Suzanne Voilquin et Clorinde Rogé, veulent de leur côté, développer des projets d'éducation pour les femmes.

Régénérer ce pays par l'éducation (...) toutes deux nous proposons d'attaquer par des moyens divers l'ignorance abrutissante des femmes de ce pays[369]

[369] Voilquin (S.), *op. cit.*, p. 329.

Clorinde Rogé espère créer avec le soutien de Soliman pacha des écoles de jeunes filles où

Elles apprendront à lire, écrire et à compter en français[370]

Le projet est arrêté quand Soliman pacha retire son soutien, inquiet de la tournure concernant l'héritage du docteur Dussap dans lequel Suzanne Voilquin est impliquée.
L'œuvre saint-simonienne se heurte à trois obstacles : les épidémies de peste, les conditions matérielles et les scandales divers.
L'épidémie de peste qui commence en 1835 décime les rangs des saint-simoniens. Le premier qui meurt est le docteur Fourcade :

Le 20 février, par un ciel pur, par un soleil brillant et chaud, la famille saint-simonienne commence à payer son premier tribut au fléau[371]

On sait que les docteurs Delong, Gondret disparaissent. Les médecins saint-simoniens se rassemblent dans la maison du docteur Dussap pour lutter contre le fléau. Suzanne Voilquin trouve également refuge chez le docteur Dussap où elle reste durant toute l'épidémie, soignant ses amis. Elle assiste Dussap et apprend des rudiments de médecine notamment dans *l'art de la parturition*[372].
Les saint-simoniens Huart, Lefevre, Dumolard, Alexandre, Alric, Maréchal, Lamy, Bosco, Genevoix, Reboul et Ollivier sont victimes de la peste.

---

[370] *Ibid.*, p. 327.
[371] *Ibid.*, p. 271.
[372] *Ibid.*, p. 274.

Au niveau des conditions matérielles, Rogé écrit dans une lettre :

Ici, dans un autre genre, nous sommes presque aussi misérables que vous pouvez l'être là-bas et nos efforts se renouvellent sans cesse sans que rien vienne alimenter nos misérables bourses[373].

Les saint-simoniens vivent en Égypte au seuil de la pauvreté. Le Père Enfantin est pris en charge par Lambert. Suzanne Voilquin pour subsister devient blanchisseuse :

Voulant vivre indépendante, je me fis momentanément la blanchisseuse de tous mes amis (...) Je me mis à l'œuvre le 29 décembre 1834[374].

La plupart travaillent pour des salaires dérisoires ou n'ont pas de travail. Hoart et Prax sont employés dans les bureaux de Linant de Bellefonds. Machereau, professeur à l'école des filles de Gizeh est à peine payé :

Machereau a enfin touché son premier mois d'appointements, et en a de suite profiter pour quitter ses guenilles, et prendre le costume du pays ; il était fait comme un voleur et ressemblait à Frédérick dans l'auberge des Adrets. On parlait de mettre en gage le piano de Félicien David. Lami, Cognat, Toché étaient dans la misère[375]

Le quotidien de la communauté se limite à la survie.

---

[373] Ivray (J. d'), *op. city.* p. 189.
[374] Voilquin (S.), *op. cit.*, p. 258.
[375] Charléty (S.), *op. cit.*, p. 227.

Comme en Europe, on accuse les saint-simoniens en Égypte d'escroquerie et d'immoralité. Une accusation de captation d'héritage est lancée par madame Brod[376] contre Suzanne Voilquin. Elle répand l'information selon laquelle la saint-simonienne aurait abusée la confiance du docteur Dussap pour priver de son héritage Arif, le fils de Dussap. L'affaire portée au Consulat de France contribue largement à ruiner le crédit des saint-simoniens.
La liberté des femmes saint-simoniennes choque et donne des arguments à ceux qui veulent monter des cabales. La liaison de Soliman pacha avec Clorinde Rogé défraie la chronique... Ismaïl Urbain jette également le trouble par sa conversion et son aventure avec la compagne du docteur Dussap, Halimeh qui est une esclave originaire d'Abyssinie. A la mort de celle-ci en 1834, Ismail Urbain reporte son amour sur la fille d'Halimeh et du docteur Dussap, Hanem qui meurt en 1835. Sa conversion est une conséquence de cet amour puisque devenir musulman est une manière pour lui de retrouver les femmes aimées qui sont disparues. Néanmoins, il craint que sa conversion ne lui fasse perdre sa qualité de citoyen français et s'en ouvre au consul de France Mimaut qui lui fait une réponse mitigée[377].

Les difficultés ajoutées aux désillusions provoquent le départ de la plupart des saint-simoniens. Félicien David, Alexis Petit, le docteur Charpin, Suzanne Voilquin et Clorinde Rogé rentrent en France en 1836. Enfantin quitte l'Égypte en janvier 1837 avec aigreur :

[376] Monsieur et Madame Brod sont des familiers de Varin bey. Le voyageur russe Noroff, invité de Varin bey relate *qu'un certain M. Brod les distrait tous en jouant du hautbois* in Volkoff (O.), *op. cit.,* p. 107.
[377] Levallois (A.), *op. cit.,* p. 34.

Ce roi négociant, qui a fait de tout un grand pays, un seul comptoir, et qui emmagasine comme un épicier tous les produits depuis la fève jusqu'au café, cet homme là selon toute probabilité, dans ses vieux jours, féroce bigot, avare, ou bien dans un an, il faut qu'il soit sultan et qu'il meure[378]

Enfantin a compris qu'il est difficile de réaliser leur programme car leurs plus fidèles appuis sont en 1836 en disgrâce ou en semi-disgrâce comme Soliman pacha, Varin bey ou Cerisy bey. Le pacha mécontent de la France, au sujet de son projet d'indépendance, écarte les Français à cette époque.
Suzanne Voilquin en rend compte dans ses mémoires :

Par les journaux, qui nous parvinrent, nous vîmes le sentiment général devenir très vite hostile à l'Égypte, et par contre très favorable à la Sublime Porte ; alors il y eut dans les conseils du vice-roi une réaction politique et religieuse contre les Français en général et contre les saint simoniens en particulier[379]

Le vice-roi souhaite dans cette période de tension internationale :

Que l'Égypte se suffise ou au moins qu'elle le paraisse[380]

Seuls restent Lambert[381] et Machereau qui est un ancien élève de David. Machereau se convertit à l'Islam sous le nom de Mohammed el Madhi.

---

378 Charléty (S.), *op. cit.,* p. 233.
379 Voilquin (S.), *op. cit.,* p. 366.
380 Cité par Régnier (Ph.), *op. cit.,* p. 70.
381 1802-1864. Fondateur de l'École Polytechnique de Boulaq, une première promotion de 20 ingénieurs sort en 1837. Maxime du Camp dira

En effet, sauf la polygamie qu'il repoussa toujours, Machereau, adopta toutes les coutumes de ce pays ; il se fit circoncire pour épouser une femme arabe et ne sortit jamais de l'Égypte[382]

Il décore l'hôtel particulier de Soliman pacha au Caire où notamment il peint une bataille de Nézib. Charles Edmond en fait un héros de son *Zéphirin Cazavan en Égypte* sous le pseudonyme de Pierre-Antoine Gendel devenu Mohammed-Effendy[383]. Il ironise dans son roman sur la commande faite par le pacha à l'artiste de représenter un harem en promenade sans montrer le bout du nez d'une femme ou d'un eunuque qui s'est traduit par 126 voitures alignées à la file, tous sièges vides et des chevaux sans cavaliers[384].
Parmi les saint-simoniens dont certains finissent par porter un regard critique sur l'œuvre du pacha accusé de s'accaparer les richesses de l'Égypte, Ismaïl Urbain est un des rares à continuer à considérer Méhémet Ali comme le légitime héritier et continuateur de l'œuvre de Napoléon :

Notre Napoléon qui alla commencer sa gloire en Égypte n'est pas mort ; il vit encore, il est retourné en Égypte, il s'est assis à l'ombre des pyramides pour accomplir des choses dont la renommée durera plus que ces vieux monuments ! C'est lui ! C'est Mohammed Aly[385]

à son sujet : *Jamais, je n'ai rencontré un si ample cerveau, une intelligence plus féconde, une telle compréhension des sentiments d'autrui, une clarté d'enseignement plus extraordinaire, une aspiration vers le bien plus constante.*

[382] Voilquin (S.), *op. cit.*, p. 250.

[383] Edmond (E.), *op. cit.* p. 115.

[384] *Ibid.*, p. 117.

[385] Urbain (I.), *Voyage en Orient,* réédition, Paris, 1993, p. 318.

CHAPITRE XX
LA CAMPAGNE DE SYRIE

La campagne de Syrie montre les ambitions que Méhémet Ali a cachées vis-à-vis de la Porte, et au-delà le jeu des Puissances entre l'Égypte et la Porte.
Pour trouver les racines de ce conflit, il faut revenir à l'épilogue de la campagne de Morée. Méhémet Ali avait demandé à la Porte, en dédommagement de la perte de sa flotte à Navarin, le pachalik de Syrie. Or le sultan ne tient pas ses promesses…
Le prétexte d'une campagne en Syrie est donné par le pacha d'Acre qui encourage l'immigration des paysans égyptiens et leur donne asile. Toutes les fois où Méhémet Ali se plaint au sultan, il n'obtient comme réponse que les fellahs, sujets de l'Empire ottoman sont libres d'aller où ils veulent dans les limites de l'empire.
En 1831, six mille fellahs traversent la frontière. Le pacha décide de les reprendre ce qui équivaut à une déclaration de guerre. Le conflit qui oppose à l'origine le sultan au pacha d'Égypte va vite dégénérer car les Puissances s'en mêlent et la transforment en une crise européenne.

La campagne débute le 14 octobre 1831, Ibrahim pacha commande l'expédition et prend Jaffa dès le 8 novembre 1831. Le 8 décembre 1831, les troupes égyptiennes font le siége de Saint-Jean-d'Acre pendant que Méhémet Ali cherche des alliances. Il se rallie des partisans dont l'émir Béchir, prince du Liban.
Tandis que le siège de Saint-Jean-d'Acre s'enlise, Ibrahim pacha décide de porter la guerre dans la plaine syrienne et fait prisonnier Abdullah, pacha d'Acre.

Le sultan qui a décidé de ne pas se laisser entraîner dans un conflit réplique indirectement en publiant une liste de promotions et de nominations de pachas lors de la fête de Baïram où sont oubliés les noms de Méhémet Ali et de son fils Ibrahim ce qui équivaut à une destitution. Le 23 avril, Méhémet Ali est déclaré rebelle et traître à la religion de son souverain. De plus, la Porte publie une déclaration de guerre et Hussein pacha est nommé au gouvernement de l'Égypte. Méhémet Ali est exaspéré par l'attitude de la Porte qui

Couvre son humiliation par l'indignation et la bravade[386]

C'est alors que du côté égyptien, Méhémet Ali s'oppose à son fils Ibrahim pacha et craint pour la première fois de voir ses ordres pas respectés. Méhémet Ali souhaite s'emparer des quatre pachaliks de Syrie : Acre, Tripoli, Damas, Alep tandis qu'Ibrahim pacha pense pousser ses troupes jusqu'aux portes de Constantinople en s'appuyant sur la révolte des pachas d'Asie Mineure.
Les armées ottomanes envoyées pour combattre Ibrahim pacha sont défaites à Beylan le 29 juillet 1832, laissant le fils du pacha maître de la Syrie et donnant à l'Égypte un prestige inégalé.
Un observateur anglais David Uquhart explique la promenade militaire à travers la Syrie par le fait que les villes de Syrie étaient mécontentes des impôts dus aux guerres perpétuelles de la Porte et étaient prêtes à se révolter[387].

Devant l'avancée fulgurante des troupes égyptiennes qui met en péril l'équilibre des forces au Proche-Orient, les Puissances décident d'intervenir diplomatiquement dans le conflit. Les chancelleries européennes se posent une double

---

[386] Cité par Sabry (M.), *op. cit.*, p. 200.
[387] Uquhart (D.), *Le Sultan et le Pacha d'Égypte,* Paris, 1839, p. 37.

question : Méhémet Ali a-t-il réellement une volonté d'indépendance et souhaite t-il s'émanciper de la tutelle ottomane ou aller plus loin en abattant le trône ottoman ?
Le consul de France Mimaut résume l'équation en n'oubliant pas les intérêts français dans une lettre datée du 29 mai 1832 :

Il ne m'appartient pas de dire à quelles conditions pourraient maintenant se conclure un arrangement qu'aurait le double projet de renfermer dans les limites de la Syrie un établissement politique qui, effectivement séparé de l'Empire de Constantinople, en resterait le tributaire, à peu près comme le dey d'Alger dans ses relations avec le souverain. Mais ce qui est évident et qu'il serait facile de démontrer, c'est qu'une séparation conçue dans ce système ou dans tout autre, ne pourrait offrir que des avantages pour notre commerce[388]

Au début des événements, la France a soutenu la politique égyptienne. La brusque irruption des troupes égyptiennes en Anatolie la fait reculer et opter pour un compromis entre la Porte et l'Égypte. La Russie, au contraire, soutient la Porte contre son vassal tandis que l'Angleterre est dans un attentisme circonspect.
Devant ce jeu diplomatique non exempt de revirements, Méhémet Ali se montre d'une grande prudence. Il ordonne à Ibrahim pacha de ne pas dépasser Konya alors que son fils souhaite poursuivre son avancée en Anatolie et proclamer la déchéance du sultan.
Malgré les ordres formels de son père, Ibrahim pacha livre bataille le 21 décembre 1832, gagne et poursuit son irrésistible marche jusqu'à Kutahya. La France, la Russie et l'Angleterre veulent à tout prix arrêter Ibrahim pacha et amener Méhémet Ali à la négociation. À grande peine, le

[388] Archives françaises. A.E. Correspondance politique. Égypte 2.

pacha d'Égypte par une lettre du 3 février 1833 arrive à arrêter les projets de nouvelle avancée de son fils.
Dans l'intervalle, la Porte inquiète de l'avancée des troupes d'Ibrahim pacha a fait appel aux Russes pour les protéger. Bien que cette aide ne soit plus d'actualité avec l'arrêt des troupes égyptiennes à Kutahya, les Russes en profitent pour faire irruption en Asie Mineure. Un convoi de 5 000 hommes commandé par le général Mourariev s'installe près d'Unkiar Skelessi. Face à ce péril, la France, l'Angleterre et l'Autriche pressent les deux parties à conclure un accord. Les émissaires du pacha d'Égypte arrivés à Constantinople réclament le pachalik de Syrie et le district d'Adana. La pression diplomatique monte car la Porte est peu disposée à céder Adana. L'idée fixe est de renvoyer les Russes d'Asie Mineure. Le roi Louis-Philippe l'exprime très bien à Clot-bey qui défend avec chaleur les intérêts du vice-roi au cours d'une audience le 25 mars 1833 :

Vous vous trompez ; le gouvernement français ne se déclare pas contre Mohamed Ali ; il est au contraire tout disposé en sa faveur ! (...) Que voulez vous, les Russes sont là ; il est important de les faire renvoyer. D'ailleurs, ce traité n'est pas aussi humiliant que vous le prétendez. Mohamed Ali garderait l'Égypte, le pachalik de Saint Jean d'Acre, et je ne doute pas qu'avec cela il n'obtint également son indépendance[389]

Vision prémonitoire de Louis-Philippe qui d'ailleurs termine l'entretien par un :

---

[389] *Mémoires d'A.B. Clot-bey, op. cit.,* p. 243.

Allez, Clot-bey, la France ne sera pas la dernière à seconder l'Égypte ; j'espère que tout s'arrangera à son avantage. Dîtes le vous-même au Vice-roi[390]

Cette position claire du roi des Français contredit les analyses partisanes de David Uquhart qui accuse la France de s'allier à la Russie

Sacrifiant son alliance avec l'Angleterre, son influence en Italie, sa dignité partout, afin de permettre à la Russie d'occuper Constantinople[391]

Au-delà de ce conflit, deux conceptions sur la place de l'Égypte au sein de l'Empire ottoman s'opposent, sous-jacente depuis des années, elles apparaissent dans toute leur acuité lors de la campagne de Syrie. Méhémet Ali et son fils Ibrahim pacha développent une vision différente sur l'avenir du pays dont ils ont la charge. Longtemps larvée, le différend éclate à ce moment et ne cessera de se développer au cours des années à venir.
Les relations entre le père et le fils sont difficiles car les tentatives de la Porte pour semer la discorde entre eux sont nombreuses et de plus en plus visibles. Ibrahim pacha adopte vis-à-vis de son père une déférence marquée presque codifiée. Il écrit à son père lors de la campagne contre les wahhabites :

Je fais partie des esclaves de son Altesse, des esclaves qui ne peuvent être affranchis et cela est connu de tous[392]

---

[390] *Ibid.,* p. 244.
[391] Uquhart (D.), *op. cit.,* p. 92.
[392] Perrier (F.), *La Syrie sous le Gouvernement de Méhémet Ali,* Paris, 1842, p. 150.

Après la campagne du Hedjaz, la Porte tente à nouveau de semer le trouble entre le père et le fils en nommant Ibrahim pacha, pacha de la Mecque. A ce titre, il devient le plus grand pacha de l'empire devant lequel tous doivent se lever à son approche. Pour ne point manquer à ce qu'il doit à son fils comme dignitaire, Méhémet Ali qui comme père ne peut cependant point se lever devant lui, l'attend toujours debout et entre en même temps que lui dans les cérémonies publiques.
Toutefois, Méhémet Ali va progressivement se méfier de son fils car le pacha reste un Ottoman attaché à la personne du sultan tandis que son fils s'éloigne de ses racines ottomanes, ce qui n'est pas sans déplaire au père.
Méhémet Ali est profondément attaché à la structure de l'Empire ottoman. Selon l'historien égyptien Mohamed Sabry, le pacha souhaite participer à la régénération de l'Empire ottoman pour en faire

Une barrière contre la Russie en Asie[393]

De son côté, Ibrahim pacha qui ne se considère pas comme un Ottoman avait déjà reproché à son père l'intervention en Morée qui avait coûté à l'Égypte de grandes pertes humaines et la destruction de sa flotte de guerre.
Ibrahim souhaite une Égypte indépendante au sein d'un empire arabe. Il s'écrie devant Saint-Jean-d'Acre

J'irai aussi loin que s'étend l'idiome arabe[394]

Cette réflexion fait d'Ibrahim pacha, le père du panarabisme.

---

[393] Sabry (M.), *op. cit.,* p. 209.
[394] Gouin (E.), *op. cit.,* p. 419.

Méhémet Ali s'alarme et ne manque pas à chaque fois de lui rappeler leurs devoirs vis-à-vis de la Porte. Ainsi cette sévère mise en garde dans une lettre du 8 septembre 1832 :

Vous me dîtes que vous voulez battre monnaie et faire la prière dans les mosquées en mon nom, d'une façon solennelle. Sachez bien, mon enfant, que c'est uniquement par la modestie que nous sommes parvenus à la position actuelle, je me contente bien de porter le nom de Mohamed Ali sans aucun titre, ni aucun tribut : il est plus grand pour moi que tous les titres de l'empire et de la royauté, parce que c'est à mon seul nom que je dois tout l'honneur qui rejaillit sur moi ; comment puis-je donc l'abandonner ? Non, je garde ce vieux nom et gardez le vôtre[395]

Ibrahim pacha n'obtient pas les ordres de son père pour se rendre à Constantinople pour déposer le sultan. Les Puissances sont tellement convaincues que c'est le projet du pacha d'Égypte, que Méhémet Ali doit protester de sa fidélité au sultan, à tous leurs représentants. Ainsi il dit à un émissaire de Metternich :

Je vous assure de la manière la plus solennelle que jamais le projet d'attenter au trône du sultan ou de démembrer l'Empire n'a germé dans mon cœur (...) Je ne me suis pas laissé entraîner par la victoire et par la connaissance de la nullité des forces de la Porte, au-delà de la position qui m'accommode le mieux : celle de rester sujet fidèle de la Porte[396]

L'attachement de Méhémet Ali à la Porte est indiscutable. Nubar pacha dans ses mémoires exprime avec beaucoup de

[395] Cité par Sabry (M.), *op. cit.*, p. 205.
[396] *Ibid.*, p. 242.

justesse les ambitions du pacha et ses sentiments vis-à-vis de la Porte au sujet d'un renversement de la dynastie ottomane :

Mohamed Aly était trop de sa race, il connaissait trop son pays pour concevoir une pareille idée. S'il a aspiré à quelque chose de plus que la possession souveraine de l'Égypte et de la Syrie, ce n'est peut être qu'à jouer à Constantinople le rôle de la famille Kupruli au XVIIème siècle (...) Je crois qu'il a eu l'idée (...) de gouverner l'empire comme maire du palais ou grand vizir sous un des fils de Mahmoud qu'il aurait fait proclamer sultan[397]

Méhémet Ali est le premier pacha qui a réformé son pachalik et donc a ouvert le chemin des réformes à son suzerain. Il abat la puissance mamelouke, vieille oligarchie militaire opposée à tous progrès, il réforme son armée et son administration en cherchant des compétences qui dynamisent tous les secteurs d'activité.
Uquhard, sagace contemporain quand il ne s'embourbe pas dans des préjugés anti-français, analyse la personnalité du pacha et du sultan :

Méhémet Ali et le sultan sont tous les deux des hommes remarquables, doués de moyens naturels, ils sont tous les deux au-dessus des préjugés de leur temps et de leur pays ; ils ont tous les deux réussi à extirper l'oligarchie militaire qui opprimait la Turquie et l'Égypte[398]

Et d'expliquer la différence fondamentale entre les deux hommes :

---

[397] Nubar, *op. cit.*, p. 36.
[398] Uquhard (D.), *op. cit.*, p. 27.

Mahmoud (...) possesseur fortuit du sceptre ottoman n'a eu aucun de ces avantages, nous ne pouvons nous attendre à trouver en lui tous les talents qui ont crée à Méhémet Ali sa brillante fortune. Une des plus grandes difficultés pour Mahmoud fut son caractère même de sultan, parce qu'il était à regarder son pouvoir comme tout-puissant et ses droits comme incontestables, chaque lutte, au lieu de provoquer son énergie, ne faisait qu'irriter son indignation[399]

Les deux hommes sont des réformateurs, mais Mahmoud II ne sait pas vaincre les réticences de son entourage sur le train des réformes à entreprendre. Il est prisonnier dans son palais

Tandis que Méhémet Ali élevé dans l'adversité, sait juger les hommes, les systèmes et les situations[400]

Différence essentielle qui explique des résultats si contrastés avec des réformes quasi-identiques.

Pour les Puissances, le sultan doit conserver son trône car il est le souverain légitime de l'Empire ottoman. L'Europe vit encore dans le traumatisme de la Révolution française.

La dynastie ottomane est stable et légitime depuis dix siècles (...) Le principe destructeur qui l'aurait élevé au trône (Méhémet Ali) *amènerait la dissolution de l'Empire, chaque pacha l'envisagerait comme son égal*[401]

L'Europe tenante de la légitimité du sultan et Méhémet Ali, respectueux vassal font que le règlement du conflit est possible, toutefois subordonné à deux points :

---

399 *Ibid.,* p. 69.
400 Nubar, *op. cit.,* p. 36.
401 Uquahart (D.), *op. cit.,* p. 69.

- Obtention par Méhémet Ali du pachalik de Syrie ;
- Retrait des Russes d'Asie Mineure.

Dès l'arrivée des Russes en Asie Mineure, la France comme l'Angleterre veulent contraindre le pacha à un accord. Excédé, le vice-roi envoie une dépêche fin février 1833 au baron Roussin, ambassadeur auprès de la Sublime Porte :

Mais vous, monsieur l'Ambassadeur, quel droit avez-vous donc de me dépouiller ainsi ? J'ai pour moi toute ma nation ; il ne tiendrait qu'à moi de soulever la Roumélie et l'Anatolie. Avec l'assistance du peuple ottoman, je puis si je le veux renouveler un état de choses. Dominateur de tant de provinces, victorieux sur tous les points, je me suis contenté de la Syrie dont mes armées et l'opinion publique m'établissaient le maître ; j'ai retardé la marche de mes troupes, uniquement afin d'épargner à la Turquie une vaine effusion de sang, et pour me donner le temps de connaître les vœux des puissances européennes[402]

La Porte finit par se montrer plus conciliante en publiant une nouvelle liste de nominations de pachas de l'empire. Méhémet Ali est confirmé dans les gouvernements de l'Égypte, de toute la Syrie avec Damas, Alep et l'île de Candie tandis qu'Ibrahim pacha est confirmé pour le gouvernement de l'Abyssinie et de Djedda.
La revendication de Méhémet Ali sur Adana est passée sous silence et le pacha comprend qu'il doit y renoncer.
La paix de Kutahya signée le 14 mai 1834 ne résout rien sur le fond et volera aisément en éclat en 1839. D'ailleurs Ibrahim pacha s'en ouvre à son père :

---

[402] Gouin (E.), *op. cit.*, p. 424.

Nous pouvons conclure une paix honorable, mais je ne crois pas qu'il nous sera possible de liquider définitivement notre conflit avec la Porte et d'établir une paix durable tant que demeurera sur le trône ce démon de Mahmoud II. Aussi bien me permettrais-je d'insister sur l'opportunité de revenir à notre premier projet : occuper Constantinople, détrôner Mahmoud II et le remplacer par le prince Héritier. Un tel geste réveillerait la nation ottomane de sa longue léthargie et lui donnerait de la vigueur[403]

Cette paix met fin à l'alliance franco-anglo-russe de la guerre de Morée. Les nouvelles alliances nées à la faveur des événements ressemblent à un jeu de dupes.

La politique anglaise est double de 1833 à 1839. Elle vise à s'unir avec la France dans la mesure où son alliance pouvait écarter le danger russe et à s'unir avec la Russie dans la mesure où son alliance pouvait écarter le danger franco-égyptien[404]

Cette absence de positions nettement tranchées, l'Anglais Uquhard l'impute également à la France quand il écrit avec aigreur :

La France a une politique sans but, sans idée et sans résultat ; qu'elle a employé ses ressources et ses forces à faire ce qui est contraire à ses intérêts, à ses intentions, à son honneur, à ses déclarations ; à viser à des fins impossibles, à croire à des choses qui n'existent pas (...). La politique de la France erre et ne marche pas, s'agite et n'avance pas, et n'est sûre de parvenir que là où elle ne pouvait arriver[405]

---

[403] Enkiri (G.), *Ibrahim pacha,* Le Caire, 1948, p. 217.
[404] Sabry (M.), *op. cit.,* p. 253.
[405] Uquhard (D.), *op. cit.,* p. Vij.

Les Russes de leur côté signe le traité d'Unkiar-Skelessi le 8 juillet 1833. Il s'agit d'un traité de défense naturelle mais dont l'un des articles secrets transforme ce traité en un protectorat russe sur la Porte.
Guizot commente ce traité qui place la Porte en état de dépendance :

Le cabinet de Saint-Pétersbourg avait converti en droit écrit le fait de sa prépondérance à Constantinople : il avait fait de la Turquie son client officiel, et de la mer Noire, un lac russe, dont le client gardait l'entrée contre les ennemis possibles de la Russie, sans que rien ne la gênât elle-même pour en sortir et lancer dans la Méditerranée ses vaisseaux et ses soldats[406]

La Porte pour neutraliser les effets de ce traité désastreux se tourne vers l'Angleterre pour trouver un appui contre la Russie. Le sultan Mahmoud II rumine sa défaite contre son puissant vassal. L'ambassadeur d'Angleterre, Lord Ponsonby écrit à ce sujet :

Le sultan dit qu'il aimerait mieux mourir ou être le vassal de la Russie que de renoncer à vaincre un sujet rebelle[407]

Tous les éléments sont en place pour la crise suivante qui ne va pas tarder à éclater.

---

406 Guizot (F.), *Mémoires pour servir l'histoire de mon temps,* Paris, 1858-1864, t. IV, p. 42.
407 Driault (E.), *L'Égypte et l'Europe, la crise de 1839-1841,* Le Caire, 1930, p. XXXI.

CHAPITRE XXI
GRAND VIZIR ?

L'Angleterre s'inquiète de la position dominante du pacha d'Égypte et redoute qu'il lui barre la route des Indes par la mer Rouge ou par l'Asie Mineure. En mai 1839, Méhémet Ali vient précisément de refuser à l'Angleterre d'une part le passage de 6 000 hommes de troupe qui doivent se rendre aux Indes et d'autre part le projet d'établissement d'un chemin de fer du Caire à Suez aux frais de la Grande-Bretagne[408]. Le 16 août 1838, Lord Ponsonby signe avec le gouvernement ottoman un traité de commerce qui donne aux marchands anglais les plus grandes possibilités dans toute la Turquie. Ce traité contredit le système de monopoles sur lequel est fondé la politique financière et économique de Méhémet Ali.

Il est évident que le sultan cherche par tous les moyens à briser la puissance de son vassal tout en n'évaluant pas le risque que cette lutte peut le mener à sa perte et à celle de l'Empire ottoman. Les Russes guettent le moindre faux pas de la Porte pour s'installer sur le Bosphore. L'Angleterre comme la France dans une moindre mesure spéculent sur l'avenir de l'Égypte à la mort du pacha. L'Angleterre veut se ménager sa route des Indes et la France conserver son implantation en Égypte. Dans ce contexte, le sultan se prépare à la guerre en multipliant les provocations en Syrie et en faisant croire que Méhémet Ali veut faire main basse sur les îles de Bahreïn :

À vrai dire, la querelle engagée dépassait singulièrement les frontières de l'Empire ottoman ; elle intéressait l'équilibre

---

[408] Driault (E.), *L'Égypte et l'Europe, la crise de 1839-1841,* Le Caire, 1930, p. XXXI.

européen. L'Angleterre voulait atteindre la France derrière Méhémet Ali, et c'est pourquoi la question est alors beaucoup plus grave qu'en 1833[409]

Les troupes ottomanes passent les limites du territoire placé sous l'autorité de Méhémet Ali. C'est la rupture du statu quo qui prévalait depuis les accords passés à la suite de la campagne de Syrie. Face à cette agression, le pacha d'Égypte reste prudent. Il ordonne à Ibrahim pacha de constater l'avancée de l'armée turque et de la combattre si elle ne se retire pas.

Hafiz pacha qui commande l'armée ottomane, continuant sa progression en Syrie, l'affrontement devient inévitable. Les troupes égyptiennes avancent jusqu'à Alep et rencontrent l'armée ottomane à Nézib. En deux heures, la déroute ottomane est consommée. Soliman pacha nous livre un récit de cette bataille où il ressort que :

L'armée turque ne put résister à des attaques successives et faites avec beaucoup d'ensemble ; elle se mit en retraite sur son ancien camp, et nous la fîmes poursuivre par notre artillerie de première ligne, et par la première et la deuxième ligne d'infanterie. La troisième ligne, infanterie et artillerie de réserve, prirent position sur les hauteurs qui couronnaient le camp turc. C'est à la suite de ces manœuvres que l'armée turque fut mise en complète déroute[410]

Dans une lettre en date du 25 juin 1835 au consul de France à Alep, Soliman pacha annonce 10 000 prisonniers, la prise de 15 000 fusils et de plus de cent canons.

Hafiz pacha et les officiers prussiens qui le secondent prennent la fuite. Ibrahim pacha écrit à son père :

---

[409] Driault (E.), *La question d'Orient,* Paris, 1921, p. 147.

[410] Soliman pacha, *Relation de la bataille de Nézib,* Paris, 1840, p. 8.

Je voulais poursuivre l'ennemi mais je ne l'ai pas trouvé[411]

D'après Petit, officier français au service d'Hafiz pacha :

La bataille fut très sanglante puisque l'armée ottomane perdit un septième de son effectif

Et

Que l'armée ottomane est tellement frappée de terreur qu'Ibrahim pacha pourrait, s'il le pouvait aller à Constantinople tambour battant[412]

Après Nézib, Ibrahim pacha souhaite poursuivre son avantage et continuer son avancée. Méhémet Ali le convaint difficilement de se contenter de l'occupation d'Urfa. A la suite de cette éclatante victoire se posent deux problèmes : l'avenir de l'Empire ottoman et les revendications de Méhémet Ali.

Le sultan Mahmoud II est en mauvaise santé. Il meurt le 1er juillet 1839 laissant un fils Abd ul Medjit qui n'a que seize ans. Au regard de cette situation, Méhémet Ali pense que les Russes vont en profiter et occuper Constantinople. Le pacha inquiet pour l'avenir de l'Empire ottoman dit au consul de France le 5 juillet :

J'aime mon pays ; cet amour fait partie de ma religion et je le prouverai. Il est à peu près certain que, dans quelques jours, les Russes seront à Constantinople ; j'irai alors au secours de mes compatriotes, et mon fils recevra l'ordre de

---

[411] Cité par Cattaui (R. et G.), *op. cit.,* p. 143.
[412] Driault (E.), *op. cit.,* t. I, p. 86 et 88.

s'avancer en Anatolie (...) La France et l'Angleterre ont peur de la Russie, je ne la redoute pas...[413]

Méhémet Ali reste envers et contre tout un Turc et un sujet de l'Empire ottoman. Sa loyauté profonde vis-à-vis de l'empire, sa conviction d'en être le sauveur, le conduit à penser qu'il est le seul à pouvoir le régénérer pour le sauver.
Le nouveau sultan Abd ul Medjit qui bien de constitution fragile devait régner jusqu'en 1861, choisit comme grand vizir, le vieil adversaire de Méhémet Ali, Khosrew. Ce dernier exerce de facto une véritable régence. Bien que Khosrew rappelle au vice-roi leur amitié de quarante ans, amitié faite il est vrai de trahison et de duplicité, Méhémet Ali a toutes les raisons de se méfier. Il connaît les limites du nouveau grand vizir et dans ce but souhaite son renvoi. Le pacha croit dans son destin qui est de réformer l'empire ottoman. Plus que tout, il a la certitude d'être investi de cette mission. Il est prêt à confier le gouvernement de l'Égypte à Ibrahim pacha et à se rendre à Constantinople pour éviter le retour des religieux qui compromettrait durablement l'espoir de réformes. La situation de l'empire est simple :

L'Empire est épuisé. Les populations sont décidées à repousser les réformes qu'on leur a imposées ; et quoique le parti janissaire soit détruit à jamais, celui des ulémas opérera une révolution religieuse[414]

Méhémet Ali, dans ce contexte, est persuadé qu'il va être appelé à Constantinople :

---

[413] Lettre de Cochelet au Ministre des Affaires Etrangères du 5 juillet 1839. Correspondance politique. Égypte VIII, f° 190-194.
[414] Lettre de Cochelet au Ministre des Affaires Etrangères du 18 juillet 1839. Correspondance politique. Égypte VIII, f° 236-240.

Personne ici n'est en position de modifier ses plans. Boghos bey, dont la vieille expérience et la prudence toute arménienne pourraient faire entendre quelques conseils utiles est tenu à l'écart[415]

C'est alors que Méhémet Ali lance un appel du 18 juin avant la lettre. Il écrit aux seize pachas de l'empire pour leur demander leur soutien dans sa demande de renvoi de Khosrew arguant qu'il n'a pas l'envergure pour sauver l'Empire ottoman des périls qui le menacent. Le consul Cochelet perçoit bien la volonté farouche et presque désespérée du pacha :

Méhémet Ali est décidé à pousser les choses aussi loin que possible, et même à se sacrifier avec toute sa famille, si on ne lui accorde pas ce qu'il demande. Il le dit et le répète à qui veut l'entendre ; je sais que je ne pourrais pas résister aux cinq grandes Puissances, si elles s'entendent pour m'accabler ; mais j'aurai une fin digne de moi et des miens. Je ne veux pas être à la merci d'un Khosrew pacha. Je ne veux pas que les destinées de l'Empire ottoman reposent sur un tel homme[416]

Le vice-roi est prêt à donner l'asile à Khosrew et à lui offrir le palais de Choubra comme résidence.
A ce moment précis, Méhémet Ali reçoit un renfort inespéré. Le vice-amiral turc au lendemain de la défaite de Nézib, conduit la flotte ottomane en Égypte et se joint au pacha d'Égypte pour réclamer la destitution de Khosrew pacha. Fort

---

[415] Lettre de M. de Lurdre au Ministre des Affaires Etrangères du 16 juillet 1839. Correspondance politique. Égypte VIII, f° 216-221.
[416] Lettre de Cochelet au Ministre des Affaires Etrangères du 15 août 1839. Correspondance politique. Égypte VIII, f° 299-306.

de cet appui qui s'étend aux cadres religieux et administratifs en Turquie, Méhémet Ali maintient ses revendications.
La position arc-boutiste du pacha embarrasse les Puissances qui considèrent que l'avènement d'un nouveau sultan a scellé la fin du conflit. Les exigences de Méhémet Ali compliquent tout. La France jusqu'alors bienveillante vis-à-vis des prétentions du pacha s'impatiente et le fait savoir à son représentant Cochelet qui se voit même reproché de n'avoir pas su prêcher suffisamment la modération. Paris écrit au consul Cochelet en septembre 1839 :

Vous semblez croire que l'investiture héréditaire de tous les territoires possédés maintenant par Méhémet Ali n'est plus contestée, et jusqu'à présent l'Angleterre n'admet pas que cette hérédité doive s'étendre au-delà de l'Égypte, et c'est tout au plus si les autres cours laissent, à regret, entrevoir la pensée de lui donner un plus d'étendue[417]

Ce raidissement du gouvernement français s'explique par le fait que la France est dépassée dans son jeu diplomatique alors qu'elle croyait tenir le bâton de chef d'orchestre des Puissances dans la crise qui oppose le pacha à la Porte. En fait la question de l'hérédité du pouvoir en Égypte devient vite primordiale dans une crise dont les Puissances ont toujours voulu feindre ignorer les origines.
Méhémet Ali avait clairement abattu ses cartes dès l'intrusion des troupes ottomanes en Syrie et les chancelleries européennes ne pouvaient l'ignorer :

Le désir d'obtenir un jour, l'hérédité pour ma famille, existe toujours chez moi. Je n'y renoncerai jamais et je devrai me prévaloir d'une agression inconsidérée de la Porte pour me

---

[417] Lettre de Paris à M. Cochelet, consul général de France en Égypte du 7 septembre 1839. Correspondance politique. Égypte IX, f° 11-12.

faire accorder par la suite cette concession. Comment pourrai-je laisser échapper une occasion si favorable de l'acquérir[418]

Après quelques revirements, la France pense que l'hérédité octroyée au pachalik d'Égypte est une des meilleures solutions au règlement du conflit. Les spéculations sur les modalités de succession à la mort de Méhémet Ali commencent mais la question primordiale pour la France est de savoir dans tous les cas de figure comment conserver l'Égypte dans sa mouvance. Ibrahim pacha est considéré comme favorable à la France mais la possibilité d'un conflit entre les fils du pacha n'est pas à exclure. Un observateur diligenté par le Ministère des Affaires étrangères, M. de Louey propose de s'appuyer sur Soliman pacha pour assurer la situation de la France en cas d'instabilité :

Son influence est immense aujourd'hui et deviendrait plus grande encore si investi de l'autorité suprême, et ayant à sa disposition une flotte considérable, et une armée de cent mille hommes, il se sentait appuyé par la France (...) Rien ne serait plus facile à Solyman pacha entouré de sympathies de l'armée égyptienne que d'espérer à la mort de Méhémet Ali une révolution militaire, la seule qui soit possible dans un pays où la nation c'est l'armée et où l'armée est arabe. Elle déteste le pouvoir qui l'opprime parce que ce pouvoir qui est Turc ne la considère que composé d'esclaves[419]

Comme on le voit, Soliman pacha est considéré comme un « agent dormant ». La France par la plume d'un de ses agents

---

[418] Driault (E.), *op. cit.,* t. I, p. 36.
[419] Lettre de M. de Louey au Ministre des Affaires étrangères du 8 juillet 1839.

ne renonce pas à l'idée d'une reconquête de l'Égypte en fabriquant un émule de Bonaparte.

CHAPITRE XXII
DE TURC A TURC

De septembre 1839 à mars 1840, la politique du maréchal Soult, ministre des Affaires étrangères manque de courage. La France souhaite appuyer le pacha, en ne prenant aucun risque. D'ailleurs Méhémet Ali s'en plaint amèrement au consul Cochelet :

Ce que je demande à la France, c'est qu'elle reste neutre ; c'est qu'elle vide le débat des Puissances qui veulent m'arracher le droit de les travaux et les possessions que je dispute pour mes enfants[420]

La France, tout en ménageant le pacha, ne veut pas s'opposer à l'Angleterre qui est le principal obstacle à la demande d'hérédité. Palmerston, profondément hostile à Méhémet Ali s'oppose à toutes les revendications du pacha car selon lui cela reviendrait à une capitulation du sultan. La Russie par son ministre Nesselrode laisse aller les choses car les Russes ont tout intérêt à favoriser l'affaiblissement de la Porte. Le consul de France Cochelet se retrouve bien seul pour plaider un soutien plus ferme aux visées du pacha comme en témoigne ce courrier :

Il est le plus grand obstacle aux projets ambitieux de l'Angleterre de ce côté. C'est pourquoi cette Puissance

---

[420] Lettre de Cochelet au ministre des Affaires étrangères du 26 septembre 1839. Correspondance politique. Égypte VIII.

cherche à l'affaiblir ; c'est pourquoi nous devons le protéger[421]

A force de négociations, Méhémet Ali consent à modérer ses prétentions. Il continue à demander l'hérédité pour les pachaliks d'Égypte et de Syrie mais renonce à l'hérédité pour celui d'Adana. Quant à celui de Candie, il reviendra à la Porte à sa mort. Malgré ces concessions, l'Angleterre s'oppose toujours à tout règlement et entraîne les autres Puissances, y compris la France, à ne ratifier aucun arrangement où l'Europe ne se poserait pas en arbitre. L'Angleterre fort habilement et perfidement arrive à faire soutenir par toute l'Europe sa politique. La note du 17 juillet 1839 empêche tout règlement et précipite une crise internationale. La France s'est faîte flouée par l'Angleterre.
Méhémet Ali décide alors de traiter directement avec la Porte. Il annonce, en octobre 1839 à Cochelet, sa volonté de s'entendre de *Turc à Turc*.
Dans l'esprit du pacha, il y a deux axes d'action :

- La diplomatie officielle : tenter un accord avec Khosrew pacha en provoquant un sursaut de l'empire face au danger anglo-russe.
- La diplomatie officieuse : trouver un accord grâce à l'appui de la sultane mère.

Tout son art diplomatique peut se résumer dans cette merveilleuse boutade du pacha :

Vous autres à Constantinople, vous avez pris l'habit franc et vous agissez avec des têtes turques ; moi, j'ai gardé l'habit turc et j'agis avec une tête franque[422]

---

[421] Lettre de Cochelet au ministre des Affaires étrangères du 16 décembre 1839. Correspondance politique. Égypte IX, f° 164-169.
[422] Cité par Sabry (M.), *op. cit.*, p. 455.

La diplomatie officielle est pratiquement vouée à l'échec dès le départ car Khosrew pacha est fort de la note du 17 juillet 1839. Sûr de la confiance du sultan et du soutien des Puissances, il lui est aisé de ne pas répondre à Méhémet Ali. Il ne reste plus à ce dernier qu'à prendre à témoin l'empire. Le pacha s'attache par ses déclarations à démontrer que

- son ambition est une chance car il lie son destin à celui de la survie de l'empire,
- turc et musulman, il ne peut admettre que l'Empire ottoman tombe aux mains des Russes,
- l'Égypte, de la même manière, ne peut devenir anglaise.

Ainsi donc, l'homme à qui l'on reproche par sa seule ambition de vouloir démembrer l'empire et faire tomber le sultanat, s'en trouve être le défenseur le plus farouche. Un observateur anglais, le colonel Davis, ne s'y trompe pas en écrivant :

Sur qui l'observateur porte t'il naturellement ses regards lorsqu'il visite le Levant, si ce n'est sur Méhémet Ali qui par sa position prédominante semble seul capable de protéger l'intégrité de l'empire ottoman[423]

Les déclarations de Méhémet Ali sont véhémentes :

Ce que je vois, c'est qu'on veut donner l'Égypte à l'Angleterre. Je ne la laisserai pas prendre, je succomberai mais ce sera avec honneur. Je suis Turc, je mourrai Turc[424]

---

[423] Driault (E.), *op. cit.*, t. II, p. 212.

[424] Lettre de Cochelet au ministre des Affaires étrangères du 5 janvier 1840. Correspondance politique. Égypte IX. f° 199-208.

J'ai toujours cru (...) que l'Europe me voulait du bien. J'ai écouté les remontrances de ses agents ; j'ai eu foi dans leur parole. Je me suis trompé. Maintenant, je n'écoute plus rien. Je redeviens Turc (...) Je ne souffrirai pas que l'Égypte devienne anglaise et la Turquie russe[425]

À l'adresse du grand vizir, il l'exhorte à réagir pour l'honneur des musulmans. Méhémet Ali ne sera jamais aussi grand que dans ces moments. Il trace le chemin avec une dimension de Commandeur et de Cassandre :

Ainsi, aimant mille fois mieux mourir aujourd'hui pour l'honneur de l'Islamisme que de faire, dans cinq ans, une fin misérable et honteuse (...) j'espère, s'il plaît au Très Haut, qu'elle prêtera l'oreille à mes paroles, qu'elle daignera coopérer à la régénération de la nation musulmane[426]

Méhémet Ali, en Ottoman, sait bien que depuis des siècles, nombre d'affaires et non des moins importantes, ont été traitées au Sérail avec la médiation de la sultane mère. C'est la raison pour laquelle il dépêche à Constantinople, sa belle fille, veuve d'Ismaïl pacha qui vient officiellement régler un héritage. Cette dernière est issue d'une famille très influente d'ulémas. Il est facile pour elle d'approcher la sultane mère que l'on sait sensible à des cadeaux de grands prix. Cette politique porte ses fruits car la sultane mère avec l'appui des ulémas arrive à convaincre le sultan de nommer un nouveau vizir en janvier 1840. L'intrigue échoue de peu car Khosrew

[425] Lettre de Cochelet au ministre des Affaires étrangères du 16 janvier 1840. Correspondance politique. Égypte IX f° 218-223.
[426] Lettre du vice-roi au Grand vizir du 21 février 1840 in Driault (E.), *op. cit.*, t. II, p. 150.

déjoue la manœuvre et reste en place quoique très affaibli par une longue maladie.
Tout ayant échoué, Méhémet Ali se prépare à la guerre et déclare non sans emphase :

On versera des torrents de sang. Chaque palmier deviendra un ennemi (...) La France reviendra à moi si je suis vainqueur[427]

[427] Lettre de Cochelet au ministre des Affaires étrangères du 22 janvier 1840. Correspondance politique, Égypte IX, f° 234-235.

CHAPITRE XXIII
DANS LES BRAS DE LA FRANCE

Méhémet Ali a choisi son allié car en parlant de l'Angleterre, il dit :

> *Cette puissance me force à me jeter dans les bras de la France, c'est à elle maintenant de disposer de moi*[428]

Les événements servent le pacha car Thiers succède à Soult en mars 1840. Il avait, en janvier 1840, prononcé un discours très écouté dans lequel il montrait que la France devait pour son intérêt et son honneur soutenir la cause de l'Égypte, tout en préservant l'alliance avec l'Angleterre. D'après Thiers, le gouvernement français avait retardé le moment de poser les bonnes questions à l'Angleterre : à savoir la question de l'hérédité de Méhémet Ali sur l'Égypte et la Syrie. Il établit dans son discours un distinguo entre « le système » et « la conduite »[429]. Il faut préserver le système c'est-à-dire s'employer à sauver l'Empire ottoman mais il faut critiquer la conduite des cinq puissances qui engagent la Porte à ne pas traiter directement avec le pacha d'Égypte. Enfin, il considère qu'

> *On ne sait pas ce qu'un homme intrépide, poussé à bout, peut oser ; il peut mettre le feu à la question d'Orient*[430]

---

[428] Lettre de Walewski à Thiers du 24 octobre 1840. Correspondance politique. Égypte f° 71-74.
[429] L'étude fondamentale reste celle de François Charles-Roux, *Thiers et Méhémet Ali,* Paris, 1951, p. 32.
[430] *Ibid.*, p. 33.

L'opinion publique en France est prête à entendre ce genre de déclarations car

On éprouvait en France un tel engouement pour l'Égypte et une telle animosité contre l'Angleterre[431]

Que les Français en arrivent presque à reprocher à Thiers de ne pas être assez déterminé. En fait :

La seule différence, entre son prédécesseur et lui, consiste dans une résolution manifestement plus ferme de sa part, qui le conduira plus tard à accepter des risques devant lesquels le précédent gouvernement eût vraisemblablement reculé. Il y a une petite allure cocardière dans l'historien de la Révolution, qui l'entraînera hors des limites d'une sage diplomatie[432]

Thiers comme nous l'avons dit s'appuie sur une opinion publique très largement acquise à la cause de l'Égypte. Louis-Philippe et son ministre :

Aimaient farder la réalité égyptienne préoccupés qu'ils étaient d'être populaires en France, où la cause de Mohamed Ali était considérée comme une cause nationale. Ils n'osaient pas faire la moindre concession sur la question de Syrie, de peur d'encourir l'accusation de lâcheté de la part de l'opinion publique. Le roi et M. Thiers s'entendaient pour adopter une attitude menaçante et belliqueuse avec cette différence que M. Thiers, dans son amour pour la popularité, aurait peut-être entraîné son pays vers la guerre, tandis que Louis-Philippe ne l'aurait risqué à aucun prix[433]

---

[431] Driault (E.), *op. cit.,* t. VI, p. 207.
[432] Hanotaux (G.), *op. cit.*, t. VI, p. 207.
[433] Sabry (M.), *op. cit.,* p. 493.

Le gouvernement turc devant une presse française survoltée propose de l'argent au *Sémaphore,* journal de Marseille pour qu'il arrête de publier des articles contre Khosrew pacha.
La nouvelle du renvoi du grand vizir le 7 juin 1840 et son remplacement par Ahmet Fethi pacha incitent Méhémet Ali à de nouveau essayer de négocier directement avec la Porte. Il envoie son secrétaire particulier Sami bey. Ce dernier bien reçu par le sultan et le grand vizir n'obtient rien car cette manœuvre est perçue comme une marque de faiblesse. On n'évoque rien ouvertement. De manière détournée, Réchid pacha, ministre des Affaires étrangères demande à Sami bey, le prompt retour de la flotte ottomane au mouillage à Alexandrie :

Lorsqu'il prit congé de lui, il lui dit qu'il espérait le revoir avec Saïd bey[434]*. Mais Sami bey a répondu qu'il regardait sa mission comme terminée*[435]

Cet échec diplomatique est également celui de Thiers. La France se marginalise et Thiers se montre de plus en plus intransigeant pour soutenir les prétentions du pacha d'Égypte. Il veut le pachalik de Syrie à titre héréditaire pour Méhémet Ali ou rien. L'Angleterre en profite pour isoler un peu plus la France en entraînant la Russie, La Prusse et l'Autriche à signer un acte le 15 juillet 1840 dont la France est exclue et tenue informée du fait accompli par voie officielle, le 17 juillet. Ce traité est qualifié de *Waterloo de la diplomatie* par Lamartine très critique. Palmerston triomphe, Thiers s'indigne et Méhémet Ali se prépare à la guerre.

[434] Fils de Méhémet Ali et amiral de la flotte égyptienne.
[435] Driault (E.), *op. cit.,* t. II, p. 257.

Aux termes de cet acte (...) l'offre devait être faîte à Mohamed Aly de l'Égypte héréditaire et du pachalik d'Acre en viager, avec un délai de dix jours pour accepter ou refuser ; ce délai passé, l'offre serait restreinte à l'Égypte seule, sans Acre ; après ce nouveau délai de dix jours, l'offre serait retirée et des mesures de coercition prévues contre les signataires, suivraient leur cours pour déposséder le vice-roi de la totalité de ses possessions, l'Égypte comprise[436]

C'est un odieux chantage. Thiers, toutefois, conseille à Méhémet Ali l'immobilisme tout en se préparant au pire :

Il doit se borner à se rendre inattaquable chez lui, à ne pas céder, à menacer l'Empire turc sans franchir la barrière qui l'en sépare, ou en se portant tout au plus dans le Diarbékir pour se défendre de ce côté s'il était attaqué[437]

Le pacha prend les mesures nécessaires. Les structures défensives d'Alexandrie sont renforcées par Mougel. Le vice-roi fait savoir qu'il peut résister trois ans avec des subsides de la France.

En France, on rappelle sous les drapeaux, les soldats disponibles, on crée par ordonnances royales de nouveaux régiments d'infanterie et de cavalerie. Des deux côtés de la Méditerranée, on se prépare à l'affrontement tout en retardant au maximum la guerre. Tous conseillent à Thiers de passer à l'offensive, les lettres du consul Cochelet du mois de juillet 1840 vont dans ce sens pour dénouer la crise. Malgré cela, Thiers se cantonne dans un immobilisme prudent. Il interdit l'offensive au pacha tout en recommandant la défensiv...

---

[436] Hanotaux (G.), *op. Cit,* t. VI, p. 211.

[437] Lettre de Cochelet du 29 juillet 1840. Correspondance politique. Égypte IX f° 210-212.

Il envoie en Égypte, le comte Alexandre Walewski[438] pour appuyer auprès du pacha sa stratégie. Walewski convaint le 30 août Méhémet Ali de ne demander que l'hérédité de l'Égypte, l'administration viagère de Candie et de la Syrie avec Adana[439].

Un malheureux chassé-croisé fait échouer cette avancée. Pendant que Walewski est parti à Constantinople pour négocier, les consuls généraux des Puissances se présentent au pacha pour obtenir sa réponse. Méhémet Ali répond qu'il accepte les conditions tout en se remettant à la générosité du sultan. Ambiguïté de la réponse dictée par l'habileté ou la politesse ottomane du pacha, toujours est-il que cela est interprété comme un refus. L'Angleterre déploie sa flotte aux larges des côtes de l'Égypte. Thiers maintient sa stratégie d'isolement.

Comment interpréter l'obstination de Thiers ? Metternich s'écrie :

M. Thiers aime qu'on le compare à Napoléon[440]

Il semble bien que l'historien de Napoléon a fait siennes les idées de son héros et adopte une posture napoléonienne qui fait frémir toute l'Europe.

Les recommandations de Thiers qui font que le pacha est pelotonné comme un hérisson[441] commencent à être mal comprises en Égypte. Une fois de plus le consul Cochelet alerte Thiers :

---

438 Fils naturel de Napoléon Ier né le 4 mai 1810, ministre plénipotentiaire à Florence en 1849, ministre des Affaires étrangères en 1855, président du Conseil en 1856. Il meurt en 1868.

439 Lettre de Cochelet à Thiers du 30 août 1840. Correspondance politique. Égypte X, f° 297-302.

440 Cité par Cattui (R. et G.), *op.cit.* p. 188.

441 Hanotaux (G.), *op. Cit,* t. VI, p. 218.

L'opinion publique du pays continue toujours à être sévère sur notre politique à l'égard de Méhémet Ali. On comprend très bien que nous restions neutres dans sa querelle avec la Porte ; mais on se demande toujours pourquoi nous l'empêchons d'agir par terre et par mer, si nous n'avons pas l'intention de le secourir[442]

En Turquie la politique de la Porte complètement inféodée à la politique européenne provoque également des réactions. On prête au grand vizir Réchid pacha l'idée qui lui est soufflée par les Puissances de lancer une fatwa contre le pacha d'Égypte :

La Nation sait bien que les fatwas ne partent pas de la volonté sultanique mais bien d'une bouche souillée de l'européanisme d'un ministre qui joue l'empire sur la table, comme au jeu de cartes, non pour tirer l'avantage de l'empire mais pour satisfaire son égoïsme[443]

L'opinion publique joue son rôle même si son impact demeure plus que limité. Ainsi lorsque Lord Ponsonby demande à Réchid pacha avec l'appui de l'Autriche, de la Prusse et de la Russie, la destitution de Méhémet Ali ce qui est fait officiellement le 13 septembre 1840, une manifestation a lieu à Constantinople, discrètement soutenue par le cheikh-ul-Islam et les principaux ulémas :

Plus de 500 personnes ont été arrêtées et emprisonnées pour avoir parlé en sa faveur, après sa destitution ; plusieurs

[442] Lettre de Cochelet à Thiers du 15 septembre 1840. Correspondance politique. Égypte XI f° 43-49.

[443] Lettre (dont le signataire reste inconnu) à Walewski du 16 septembre 1840. Correspondance politique. Égypte XII, f° 47-49.

familles sont désolées parce que des pères et des frères leur ont été enlevés et on les a fait disparaître pour toujours[444]

À l'annonce de sa destitution et de son remplacement par Izzet Méhémet pacha, Méhémet Ali s'exclame avec dédain :

Voilà la quatrième fois qu'on me destitue, je me suis toujours relevé plus grand[445]

La contre-offensive de Thiers, à partir d'octobre 1840, s'exerce par deux notes du 3 et du 8 octobre adressées à Lord Palmerston. Dans la note du 3 octobre, Thiers rappelle qu'après la bataille de Nézib, on a contenu le pacha d'Égypte pour ne pas donner à la Russie le prétexte d'occuper Constantinople et de compromettre l'intégrité de l'Empire ottoman, que les efforts faits par la France pour réaliser un accord direct entre le sultan et le vice-roi avaient pour objet de faciliter la tâche de l'Europe. Il insiste sur l'offense faîte à la France le 15 juillet 1840 et sur la difficulté de renouer une alliance.

Ce serait se faire de sa fierté nationale (La France) *une idée qu'elle n'a jamais donnée au monde (...) On lui a fait part d'une nouvelle alliance quand elle était conclue : dès lors elle a dû s'isoler*[446]

---

[444] Correspondance de Constantinople du 18 septembre 1840. Correspondance politique. Égypte XI, f° 72-74.

[445] Lettre de Cochelet à Thiers du 26 septembre 1840. Correspondance politique. Égypte X f° 90-94.

[446] Note adressée sous la date des 3 et 8 octobre 1840 par son excellence M. Le Ministre des Affaires Etrangères, Président du Conseil à M. l'Ambassadeur du roi à Londres. Correspondance politique. Égypte XI, f° 109-117.

Pour légitimer l'indépendance de l'Égypte, il reprend une ancienne argumentation :

L'Égypte a t'elle jamais été véritablement sous l'empire des Sultans ? Personne ne le pense, et personne ne croirait aujourd'hui pouvoir la faire gouverner directement de Constantinople[447]

Plus habilement, il vante l'action du pacha et met en garde Lord Palmerston sur les risques d'une guerre sainte, sachant que Méhémet Ali a reçu aussi bien l'appui d'ulémas stambouliotes que cairotes :

Le Vice-roi d'Égypte a fondé un état vassal avec génie et avec suite ; il a su gouverner l'Égypte et la Syrie que jamais les sultans n'avaient su gouverner. Les Musulmans depuis longtemps humiliés dans leur juste fierté, voit en lui un prince glorieux qui leur rend le sentiment de leur force : pourquoi affaiblir ce vassal utile qui, une fois séparé par une frontière bien choisie des états de son maître, deviendra pour lui le plus précieux des auxiliaires ? Il a aidé le Sultan dans sa lutte contre la Grèce, pourquoi ne l'aiderait-il pas dans sa lutte contre des voisins hostile à la sienne[448] *?*

Une grande partie de cette argumentation est reprise et développée dans la note du 8 octobre 1840 :

Ce prince vassal, s'il n'a pas fait régner dans les provinces qu'il régit l'humanité de la civilisation européenne (...) y a fait prévaloir plus d'ordre, de régularité, que dans aucune partie de l'Empire turc : il a su y créer une force publique, une armée et une marine ; il a relevé l'orgueil du peuple

---

[447] *Ibid.*
[448] *Ibid.*

ottoman (...) Ce prince vassal est devenu suivant nous, une partie essentielle et nécessaire de l'Empire ottoman ; s'il était détruit (...) l'Empire (...) perdrait un vassal qui fait maintenant l'une de ses principales forces[449]

Thiers en tambourinant son argumentation protège l'Égypte car elle est toujours sous la menace de l'exécution du traité du 15 juillet. Porter atteinte à l'existence politique de Méhémet Ali est un *casus belli* pour la France. Le ton énergique de Thiers ne suffit pas. Palmerston est décidé à appliquer son plan et dit :

Thiers commencera probablement à faire le bravache, mais nous ne sommes pas des gens à nous laisser épouvanter par des menaces[450]

Le 20 octobre, Thiers propose au roi Louis-Philippe un texte de discours du trône dont certains passages lui paraissent imprudents. Il y est dit que la situation internationale d'une extrême gravité peut conduire à une guerre européenne. Le roi renonce à prononcer le discours de son ministre qui désavoué présente sa démission. Il est remplacé par Guizot. Le soutien de Thiers à Méhémet Ali est déterminant car comme l'analyse François Charles-Roux :

Si bref qu'ait été le temps pendant lequel les destins de Thiers et de Méhémet Ali se sont rencontrés, leur rencontre eut beaucoup d'importance pour l'un et pour l'autre. Le court ministère de Thiers est la période où Méhémet Ali a reçu le maximum d'appui, les mois durant lesquels s'est joué

---

449 *Ibid.*

450 Cité par Cattaui (R. et G.), *op. cit.*, p. 187.

le sort de Méhémet Ali sont ceux où Thiers a fait courir le maximum de risques à la France[451]

L'Angleterre cherche à déstabiliser le pacha en provoquant une révolte au Liban, promettant l'indépendance aux Druses et aux Maronites. La flotte anglaise croise au large des côtes du Liban dès le mois d'octobre. Le 2 novembre, une escadre anglaise, autrichienne et turque bombarde Saint-Jean-d'Acre. Les bombardements atteignent le magasin de poudre qui explose en tuant 1 600 hommes[452]. Le 4 novembre, la ville est prise. Un appel à la désertion est lancé aux Égyptiens et à la révolte pour les Syriens. Les Puissances offrent secrètement à Soliman pacha qui tient Beyrouth un pachalik héréditaire. Ils jugent que sa trahison hâterait la sortie de crise. Soliman pacha repousse cette offre faîte par le consul d'Angleterre au nom du sultan avec l'aval des Puissances.

En novembre 1840, Méhémet Ali considère la Syrie comme perdue. Il adresse au roi Louis-Philippe une lettre lui demandant que la France intervienne dans le traité qui réglera définitivement ses relations avec le sultan.

Guizot pour les négociations reprend les termes des notes de Thiers. Le 27 novembre, Cochelet prévient Guizot que le pacha accepte l'hérédité de l'Égypte seule, renvoie la flotte ottomane qui mouille à Alexandrie depuis le début de la crise et évacue la Syrie.

Dans l'intervalle, le commodore Napier jette l'ancre dans le port d'Alexandrie avec deux navires de guerre dont les canons pointent la ville.

Méhémet Ali pense pouvoir résister :

---

[451] Charles-Roux (F.), *op. cit.*, p. 319.

[452] Rapport de M. de Valmont, commandant le bateau à vapeur *L'Euphrate* à M. Cochelet du 9 novembre 1840. Correspondance politique. Égypte XII f° 119-120.

J'ai conquis l'Égypte avec le sabre et ce ne sera qu'avec le sabre qu'on pourra me l'arracher[453]

A quoi Artin bey répond au pacha :

Altesse, il ne s'agit plus seulement de votre sabre, et vous ne trouverez personne qui veuille sauter avec vous. Sachez que la population s'insurge, que vous ne pouvez plus comptez sur vos soldats[454].

Un accord intervient entre le pacha et le commodore Napier[455] qui accorde l'hérédité de l'Égypte dés que la flotte turque sera rendue. Méhémet Ali a choisi de négocier sans l'appui de la France par peur de bombardement sur Alexandrie et d'une révolte de la population. En effet, pour faire face aux dépenses engendrées par la situation, les impôts avaient considérablement augmentés et la révolte grondait.

Cochelet profondément déçu de ce qu'il considère comme une trahison, demande à partir en congé. Il exprime avec humeur sa désillusion :

La population entière européenne d'Alexandrie a appris avec joie la transaction entre le commodore Napier et Méhémet Ali. L'amour propre national français a été seulement humilié de ce qu'elle avait eu lieu par les menaces de l'Angleterre. On n'ôtera cependant pas à la France le mérite d'avoir assuré l'existence politique de Méhémet Ali, et peut-être devons nous regretter d'avoir élevé si haut un homme

---

[453] *Mémoires d'A.B. Clot-bey, op. cit.*, p. 366.

[454] *Ibid.*

[455] Sir Charles Napier (1786-1873) a remporté en 1833 une victoire sur la flotte de Don Miguel du Portugal (au cap Vincent). Il est commandant de la flotte de la Baltique en 1854.

qui s'est toujours fait illusion sur sa force et qui n'a montré la franchise qu'on aurait dû attendre d'un noble caractère[456].

Cochelet réagit avec dépit mais aucune puissance ne souhaitait réellement la guerre.
Odilon Barrot[457], à la Chambre des députés, tempère la déception que la France n'ait pas été associée au dénouement de la crise :

Je ne sais pas si vos cœurs ne sont pas blessés par ce luxe de protestations. Je ne sais pas si votre dignité nationale ne souffre pas. Gardez la paix sans doute ; mais au nom de la dignité du pays, n'en parlez pas tant ; au nom de la dignité du pays, conservez au moins la noblesse du silence[458]

De janvier à avril 1841, les termes du firman d'investiture sont discutés. Au début des négociations, une clause réserve au sultan le droit de choisir à chaque vacance du gouvernement égyptien un successeur parmi les membres de la famille vice-royale. Cette disposition avait été soufflée par Lord Ponsonby à Réchid pacha. Guizot arrive à faire modifier ce point qui mettait à mal le principe de succession héréditaire. L'Autriche et la Prusse, soucieuses de voir la France réintégrer la table des négociations soutiennent Guizot. Ainsi que le remarque François Charles-Roux[459], c'est bien malgré Palmerston et Ponsonby, et parce que les Puissances centrales avaient nulle envie d'acculer la France à la guerre que Méhémet Ali reste en possession de l'Égypte.

---

[456] Lettre de Cochelet à Guizot du 27 novembre 1840. Correspondance politique. Égypte XI, f° 243-248.
[457] Barrot (O.) 1791-1873. Il est le chef de la gauche dynastique sous la Monarchie de Juillet et à ce titre organise la campagne des banquets qui provoque la révolution de 1848.
[458] Cité par Freycinet (G.), *La question d'Égypte,* Paris, s.d. p. 32.
[459] Charles-Roux (F.), *L'Égypte de 1807 à 1882,* Paris, 1936, p. 226.

Le sultan, le 19 avril 1841 accorde au pacha l'hérédité par séniorat qui assure la succession à l'aîné de la famille. Le pacha reçoit le 10 juin 1841 le firman d'investiture. Il consacre la fondation d'une nouvelle dynastie et termine le conflit turco-égyptien. À partir de 1842, le vice-roi s'emploie à se rapprocher de la Porte afin de préparer une réconciliation complète. En 1846, le pacha se rend à Constantinople où il est accueilli avec beaucoup de déférence par le sultan.
Beaucoup d'historiens parlent de défaite pour le pacha qui perd en partie son empire. Pour Walewski, au contraire, Méhémet Ali en joueur, a misé et limité ses pertes pour atteindre un seul but :

Méhémet Ali, (...) né au milieu de notre civilisation, eût été plus près de devenir un Metternich ou un Talleyrand qu'un Napoléon.
Sa conduite politique depuis dix ans vient à l'appui de tout ce que j'avance sur son caractère.
Téméraire ; en 1833 il ne se fût pas arrêté à Konya.
Homme de génie ; en 1839 il ne se fût arrêté à Nézib.
Il n'a jamais osé porter franchement ses vues sur le trône des Sultans ; il a pu parfois songer à atteindre ce but mais les chances de cette entreprise étaient trop douteuses pour son esprit prudent...
Son ambition s'est toujours bornée à obtenir l'hérédité d'Égypte, et celle de la Syrie s'il était possible ; et encore a-t-il sans cesse marché dans cette voie avec circonspection, de telle façon à ne jamais risquer le tout pour le tout.
Son entêtement, la résolution apparente qu'il montrait de ne pas vouloir rabattre de ses prétentions, reposaient entièrement sur la connaissance qu'il avait de la situation réciproque des cabinets européens[460]

[460] Lettre de Walewski à Thiers du 24 octobre 1840. Correspondance politique. Égypte f° 71-74.

À Londres le 13 juillet 1841, les Puissances entérinent la décision du sultan. Le même jour, un autre texte dit *Convention des Détroits* donne satisfaction à la demande russe en garantissant à toutes les Puissances que désormais les Dardanelles et le Bosphore soient fermés de manière permanente aux navires de guerre.
Quelles sont les conséquences de la crise de 1839 ?

La France en sortait blessée dans son amour-propre plutôt que vraiment battue et diminuée ; elle avait en somme consolidé la puissance de Méhémet Ali en Égypte par l'hérédité, et elle allait continuer d'exercer dans ce pays une influence considérable. La Russie était bien autrement atteinte ; le tsar avait été aveuglé par sa haine contre Louis-Philippe : il perdait tous les avantages du traité d'Unkiar-Skélissi (...) L'Angleterre emportait tout le bénéfice de cette affaire : elle avait rejeté Méhémet et la France au sud, la Russie au nord, sauvé pour l'avenir la route continentale de l'Inde par la Mésopotamie[461]

[461] Driault (E.), *op. cit.*, p. 157.

CHAPITRE XXIV
L'OBELISQUE DE LOUXOR

Un premier obélisque a été donné à la France sous Louis XVIII. Ce monolithe de granit rouge appelé aiguille de Cléopâtre se trouvait à Alexandrie. En mauvais état, son transport présente des difficultés et le gouvernement français préfère renoncer.
L'histoire de la girafe se répète car le consul anglais demande pour son gouvernement le don de la seconde aiguille de Cléopâtre. Pour les mêmes raisons que les Français, les Anglais renoncent au transport de leur obélisque.
En juillet 1829, Champollion se trouvant dans la région de Thèbes écrit à Drovetti :

Si l'on doit voir un obélisque à Paris que ce soit un de ceux de Louxor[462]

Drovetti convaint le pacha de faire don au roi Charles X des deux obélisques de Louxor. Dès le mois d'août, Charles X donne l'ordre de faire transporter à Paris non seulement les deux obélisques mais également l'aiguille de Cléopâtre qui se trouve toujours à Alexandrie.
Le 15 janvier 1830, le baron Taylor s'embarque sur le *Dromadaire* pour l'Égypte afin de

Négocier la cession des obélisques de Thèbes et pour faire transporter en France l'obélisque d'Alexandrie[463]

---

462 Archives historiques de la Marine, BB4, 1029, III.
463 Article premier de l'Ordonnance du Roi du 6 janvier 1830. Archives historiques de la Marine BB4, 1029 bis.

Méhémet Ali voulant faire plaisir à Charles X envoie directement une équipe à Louxor mais celle-ci est tout à fait inexpérimentée et surtout sans matériel. Le consul Mimaut, qui craint une bévue, envoie sur leurs traces Linant de Bellefonds. Crainte justifiée car

L'effendi envoyé par Méhémet Ali pensait qu'il s'agissait que d'une statue comme il en avait déjà vue[464]

Faute du matériel nécessaire rien n'est fait. La révolution de 1830 remet tout en cause.
Le 24 novembre 1830, Méhémet Ali confirme au roi Louis-Philippe le don fait à son prédécesseur. Le 15 avril, pour la seconde fois, une mission est envoyée à bord du *Louxor* pour chercher les obélisques. L'ingénieur Le Bas a la responsabilité de mener à bien l'expédition. Le commandant du *Louxor*, Verninac de Saint Maur en livrera une relation.[465]
Dès son arrivée à Alexandrie, Le Bas se rend compte qu'il lui est difficile de transporter l'aiguille de Cléopâtre, quant à ceux de Thèbes, Ibrahim pacha ne peut dissimuler son peu de confiance dans le succès de l'expédition. Ce à quoi, Le Bas répond :

Prince, ne trouvez-vous pas qu'il serait prudent de réserver toute opinion jusqu'à l'essai que nous allons faire[466] *?*

Au cours de l'audience accordée par le pacha, Verninac de Saint Maur remet le cadeau du roi Louis-Philippe, *Une relation du voyage de la Coquille et de l'Astrolabe*, qui vient juste d'être publiée à Paris. Amusé par les gravures, le pacha

---

[464] Pardieu (Ch. De), *op. cit.*, p. 93.
[465] Verninac de Saint Maur, *Le voyage du Louxor en Égypte,* Paris, 1835.
[466] Cité par Benoit-Guyot (G.), *Le voyage de l'obélisque,* Paris, 1839, p. 43.

prie de remercier le roi des Français pour lui avoir fourni le moyen de faire un voyage autour du monde sans sortir de son palais.

Accompagnés du mamelouk Youssef Kachef et munis des fonds nécessaires par le consul de France, Verninac de Saint Maur et Le Bas partent pour Louxor. Arrivés sur place, ils doivent constater que la base d'un des deux obélisques est fissurée, le rendant intransportable. Une épidémie de choléra retarde les opérations. Ce n'est que le 31 octobre que toutes les conditions sont réunies pour que l'obélisque s'affaisse lentement et régulièrement jusqu'au bord de la chaussée sur lequel il vient prendre appui. L'opération fut menée en vingt minutes par Le Bas. Par un second mouvement de rotation, l'obélisque est couché sur un tablier de charpente et tiré jusqu'au bateau qui doit le transporter. Il faut ensuite attendre la crue du Nil du mois de juillet pour permettre la navigation du *Louxor*. Navigation hasardeuse et périlleuse jusqu'à Alexandrie que le bateau atteint en plein hiver au moment où la ville est en liesse après la victoire de Konya.

Le 1er avril 1833, le départ est donné pour la France. Lors du départ de l'obélisque, Méhémet Ali qui a le goût des belles déclarations dit :

Je n'ai rien fait pour la France que la France n'ait faite pour moi. Si je lui donne un débris d'une vieille civilisation, c'est en échange de la civilisation nouvelle dont elle a jeté les germes en Orient. Puisse l'obélisque de Thèbes arriver heureusement à Paris et servir éternellement de lien entre ces deux villes[467] *!*

Le *Louxor* atteint Cherbourg le 12 août. Louis-Philippe se rend à Cherbourg le 31 août pour complimenter Verninac de Saint Maur et Le Bas. De là, le navire est remorqué jusqu'à

---

[467] *Ibid.*, p. 93.

Rouen et accoste, démâté, au pont de la Concorde le 23 décembre.
Le travail de Le Bas recommence : construction d'une cale d'échouage, puis d'une cale de glissement le tout retardé par des grèves de charpentiers... Pendant ce temps, Verninac de Saint Maur recherche du granit pour le socle qu'il trouve en Bretagne. Tous ces travaux sont terminés en août 1836. L'érection a lieu en présence du roi le 25 octobre 1836.

CHAPITRE XXV
LA MISSION DES PRINCES

C'est au cours d'une simple conversation entre Méhémet Ali et Soliman pacha au sujet de l'éducation de leurs enfants que l'idée d'envoyer leurs enfants s'éduquer en France est lancée. Une mission scolaire se dessine avec l'envoi d'un fils du pacha, le prince Hussein, de l'aîné d'Ibrahim pacha, Ahmed Rifaat et du fils de Soliman pacha, Iskander bey. En outre, Soliman pacha choisit 34 étudiants égyptiens dans les Ecoles d'artillerie, de cavalerie et de l'Ecole polytechnique.
Artin bey un ancien du collège égyptien, ministre de la guerre charge Jomard de mettre au point un programme d'études analogue à celui des écoles militaires françaises.
En août 1844, les princes, les beys et les effendis[468] gagnent à Paris le siège de l'école située rue du Renard, placée sous l'autorité du colonel de Rocquencourt.
Des logements en ville sont affectés selon les classes sociales de chacun. Les princes accompagnés de leur précepteur arménien Stéphan bey logent dans de somptueux logements et sont placés sous la garde de la famille royale. Le fils de Soliman pacha est sous la tutelle du duc de Luynes. Ce dernier, en faisant un voyage en Égypte en 1843 en sa qualité de sous-directeur des antiquités égyptiennes du musée Charles X, tombe malade et est très bien soigné grâce à Soliman Pacha. En reconnaissance, il sert de tuteur à Iskander bey[469].
Le programme d'études est organisé de la manière suivante :

---

[468] Les beys sont les enfants des proches collaborateurs du pacha, les effendi sont issus des classes sociales défavorisées.
[469] Cattaui (R.), *Note au sujet d'une lettre de Soliman pacha sur l'éducation de son fils Iskandar bey* in Bulletin de l'Institut d'Égypte, t. XX, p. 227.

La journée commence à six heures, se terminait à vingt-deux heures. Exercices, leçons, récréations alternaient d'après un emploi du temps strict, ne donnant congé que le dimanche et le jeudi après-midi[470]

En juin 1845, le prince Halim, fils de Méhémet Ali les rejoint avec vingt-deux autres élèves précédés de son neveu, Ismaïl pacha, fils d'Ibrahim pacha qui avait suivi auparavant un traitement à Vienne.
Pour les vacances, les princes rejoignent la famille royale à Fontainebleau, à Compiègne ou encore en Normandie. Les autres se livrent à des visites de Paris : manufacture de Sèvres, conservatoire des Arts et Métiers, Observatoire...
Tous n'étudient pas avec le même enthousiasme. Ainsi Iskander bey montre peu d'aptitude aux études. Le duc de Luynes envoie des rapports catastrophiques à Soliman pacha qui fulmine et qui dit à tous ceux qui veulent l'entendre :

Il ne retient de la France que les mauvaises choses pourquoi ne veut il pas en apprendre les bonnes !

Dans une lettre adressée au duc de Luynes en date du 24 mars 1851, il s'inquiète de cette dissipation qui se prolonge :

Si Skander bey revient en Égypte sans avoir fini au moins tout ce que vous jugez convenable qu'il apprenne, c'est un homme perdu, il lui arrivera ce qu'il est arrivé à tous ceux qui sont revenus de France trop tôt, il oubliera tout et tout ce qu'il aura appris sera peine perdu[471]

---

[470] Louca (A.), *op. cit.*, p. 77.
[471] Cattaui (R.), *op. cit.*, p. 227.

Une tradition veut qu'Iskandar bey tombe amoureux de la fille du duc de Luynes qui lui refuse la main de sa fille. Quand le fils de Soliman pacha rentre en Égypte, il mène une vie obscure et retirée.
Les trois fils de Scherif pacha, ancien gouverneur de Syrie, ministre des finances, ne sont pas de meilleurs sujets :

Ils étaient bons qu'à jouer à l'écarté et à courir les filles[472]

L'un deux, Khalil bey devient un grand collectionneur, amateur de tableaux de Courbet qu'il vendra quand sa ruine sera consommée.
Halim pacha dont les dépenses lui valent d'être régulièrement tancé par son père, noue des amitiés précieuses en France qui lui vaudront pendant un temps de nourrir bien des espoirs et d'espérer des appuis indéfectibles dans sa lutte pour le trône contre Ismaïl pacha.
Autant Halim pacha est prodigue, autant Ismaïl pacha est économe, défaut et qualité qu'ils ont leur vie durant.
Quand Ismaïl pacha se rend en visite officielle en France en 1867, il se rend incognito chez le papetier qui se tenait en face du collège égyptien. Au boutiquier éberlué, le khédive dit :

Eh bien, c'est moi Ismaïl pacha, à qui vous avez rendu pendant qu'il était au collège égyptien sous le nom d'Ismaïl pacha des services que vous avez peut être oubliés mais dont le Vice-roi d'Égypte se souvient et dont il vient vous prouver la reconnaissance[473]

---

472 Prisse d'Avennes cité par Louca (A.), *op. cit.,* p. 80.
473 Douin (G.), *Histoire du khédive Ismaïl,* t. II.

Immédiatement le khédive lui fait une commande importante et lui annonce en outre qu'il le nomme son fournisseur exclusif pour toute la durée de son règne.

En mai 1846, Ibrahim pacha inspecte le collège égyptien et assiste à une distribution des prix. Il y remarque Ali Mubarak, Hamad et Ali Ibrahim. À l'issue de la cérémonie, il dit à ses fils :

Je vous recommande spécialement Ali Mubarak qui est l'espoir avec ses camarades de l'Égypte telle que je la souhaite !

Ali Mubarak[474] est sans conteste l'élève le plus brillant. Il part en janvier 1847 suivre les cours de l'école d'application de l'artillerie et du génie de Metz. De retour en Égypte, il bénéficie de la faveur du khédive Ismaïl. En 1870, il cumule les charges de ministre de l'Instruction publique et des Travaux publics. Il est chargé de la préparation des fêtes pour l'inauguration du canal de Suez.

La mission militaire égyptienne dite mission des Princes s'arrête en 1849, à l'avènement d'Abbas pacha.

---

[474] (1824-1893).

CHAPITRE XXVI
LES VOYAGES PRINCIERS

À la fin du règne de Méhémet Ali, deux voyages princiers permettent d'évaluer la qualité des relations entre l'Égypte et la France. En 1845, le duc de Montpensier fils du roi Louis-Philippe vient en Égypte et en 1846, Ibrahim pacha se rend en Europe, effectuant un séjour en France.

Dès l'annonce du voyage du duc de Montpensier, le pacha donne des instructions pour que l'accueil soit splendide et veille lui-même à l'exécution de ses instructions :

Pour mieux montrer le prix qu'il mettait à reconnaître la sollicitude que le gouvernement du roi lui avait témoignée au jour des grands périls[475]

Le duc de Montpensier arrive à Alexandrie le 30 juin 1845 à bord d'une frégate à vapeur, le *Gomer*. Il est immédiatement accueilli par Saïd pacha, en sa qualité d'amiral de la flotte, et conduit au palais de Gabbari qu'il doit habiter. A la surprise de tous, le pacha se déplace pour saluer sans attendre son invité et fait assaut de prévenances.

L'entrevue ne fut pas seulement cordiale, elle fut émouvante : ce vieillard, qui avait troublé l'Orient et agité l'Europe, allant ainsi au-devant de ce jeune prince, un adolescent, qui faisait ses premiers pas dans la vie, remua profondément tous les assistants[476]

Le 6 juillet, le duc quitte Alexandrie et remonte le Nil jusqu'au Caire où il a pour résidence le palais de Choubra.

---

[475] Benedetti de, *op. cit.,* p. 525.
[476] *Ibid.,* p. 526.

Au cours des entretiens entre les fils de Louis-Philippe et de Méhémet Ali, le projet de visite en France d'Ibrahim pacha est posé.
Le jeune prince fait un voyage en Haute-Égypte accompagné de Saïd pacha et de Linant de Bellefonds. Il repart en France avec son travail concernant le canal de Suez (mémoire, devis, cartes) dans le but de faire avancer le projet de creusement. En 1847, à la suite des démarches du duc de Montpensier, une société d'études du Canal de Suez se forma en France[477]. Méhémet Ali qui ne s'oppose à aucune étude sur le projet de creusement finit par penser que si les travaux étaient faits, cela mettrait en péril l'indépendance de l'Égypte :

Le canal, lui disait-on, sera votre Bosphore, et la Turquie doit au Bosphore de départager toutes les puissances, de neutraliser leurs ambitions respectives, et de lui permettre de rien redouter pour la sécurité de la capitale. – Vous vous méprenez, répondait-il ; le Bosphore, ce passage qui ne conduit pourtant que dans la Mer Noire mais bien aussi dans la Méditerranée, est la source de tous les revers essuyés par l'empire ottoman depuis un siècle[478]

Le voyage d'Ibrahim pacha en 1846 s'affirme avant tout comme un voyage protocolaire destiné à renforcer les liens d'amitié entre la France et l'Égypte mais il prend néanmoins pour certains une autre signification :

Désireux d'éviter d'autres ennuis, Ibrahim pacha qui ne partageait pas les idées de Mohammed Ali et n'approuvait pas ses réformes, entreprit à ce moment un voyage en

---

477 Linant de Bellefonds bey, *Mémoires sur les principaux travaux d'Utilité Publique en Égypte,* Paris, 1872-1873, p. 214.
478 Benedetti de, *op.cit.* p. 520.

Europe, soit disant pour des raisons de santé, en réalité pour y attendre, tranquillement la mort de son père[479]

La même source indique que peu avant le voyage, Ibrahim pacha avait refusé de prêter trente millions de francs à son père pour payer l'armée.
Plusieurs contemporains, européens ou serviteurs du pacha indiquent de vives tensions entre le père et le fils, surtout à partir de 1844, époque où la santé du vice-roi décline.

Sans subir des éclipses bien visibles, la lucidité de son esprit s'obscurcissait : il ne retenait pas toujours la nette perception des choses[480].

Toujours est-il que le voyage d'Ibrahim pacha en France est à la fois privé et officiel.
Il arrive à Toulon le 27 novembre 1846 sur la frégate *Le Nil*, accompagné entre autre de Soliman pacha. Il se rend ensuite à Marseille où il ne souhaite pas être l'hôte du gouvernement français mais des maisons de commerce qui entretiennent des relations avec Alexandrie comme la maison des frères Pastré, riches armateurs. Ce sont d'ailleurs les frères Pastré qui mettent à sa disposition une villa. En lui remettant les clefs de la villa, la famille Pastré lui dit :

Cette maison est désormais celle de votre Altesse[481]

De décembre 1846 à avril 1847, Ibrahim pacha séjourne à Vernet pour soigner probablement des maladies intestinales. Le jour de son arrivée dans cette ville d'eau, un arc de triomphe est dressé qui porte l'inscription suivante :

---

[479] Volkoff (O.), *op. cit.*, p. 170.
[480] Benedetti de, *op. cit.*, p. 518.
[481] Enkiri (G.), *op. cit.*, p. 450.

Au digne fils de Méhémet Ali
Au Civilisateur de l'Orient
A l'ami des Français
Au héros égyptien[482]

Il y prend les eaux sur les conseils du docteur Lallemand. Outre Soliman pacha, Ibrahim pacha Yeghen[483], Nubar pacha et son secrétaire Bonfort l'accompagnent.
Le 22 avril 1847, Ibrahim pacha quitte Vernet pour se rendre à Paris par train spécial. L'accueil des parisiens est tellement enthousiaste que le cortège met plus de deux heures pour se rendre de la gare au palais de l'Elysée où il réside.
Il est officiellement reçu le 28 avril aux Tuileries par le roi Louis-Philippe. L'Égypte étant toujours vassale de la Porte, il revient à l'ambassadeur de Turquie de présenter Ibrahim pacha au roi des Français par cette formule :

Sire, je sollicite de votre Majesté l'autorisation de lui présenter le fils du plus illustre serviteur du Sultan mon maître, S.A. Ibrahim pacha, héritier du vice-roi d'Égypte[484]

Ibrahim pacha est parti d'Égypte avec des instructions précises de son père[485]. Sur aucun sujet, il ne peut répondre de manière spontanée, le pacha a tout prévu.
Ibrahim loge au palais de l'Elysée, visite Paris dont les Invalides où l'on a rassemblé de vieux grognards de la garde impériale. En les voyant, il dit :

---

482 Enkiri (G.), *op. cit.,* p. 447.
483 Son cousin.
484 Enkiri (G.), *op. cit.,* p. 451.
485 Voir en annexe : Instructions de Méhémet Ali à son fils Ibrahim pour son voyage en Europe.

L'honneur qui m'a été fait est plus que je mérite. J'ai voulu simplement rendre visite aux vieux soldats ; je ne suis pas venu ici pour recevoir des honneurs de leur part, mais pour leur faire un compliment[486]

Il préside des revues militaires à Vincennes et au Champ de Mars. La revue du Champ-de-Mars l'impressionne beaucoup. Il a la surprise de découvrir en visitant l'hôtel de la Monnaie une médaille, frappée en 1840, en l'honneur de la bataille de Nézib. Sur la face se trouve un portrait de profil de Méhémet Ali avec la mention en français et en arabe : *Méhémet Ali, régénérateur de l'Égypte* et au revers un sabre, décoré de têtes de lion avec sur la lame, *Nézib, 1839* avec cet épitaphe : *Il sait défendre avec noblesse l'honneur de son pays.*
Ibrahim pacha est accompagné dans la plupart de ses visites par les fils du roi : les ducs de Nemours et de Montpensier et par le prince de Joinville.
A l'occasion de la fête du roi, Ibrahim pacha reçoit le grand cordon de la Légion d'honneur tandis que Soliman pacha, membre de cet ordre depuis 1813 est élevé à la dignité de grand officier.
Il part en Angleterre au bout de six mois de séjour en France.
À son retour en Égypte, il livre ses impressions au consul de France[487]. Barrot qui adresse à Guizot un long rapport. Le consul est dubitatif sur les retombées à espérer de ce voyage :

Quelles que soient les idées gouvernementales qu'Ibrahim pacha aura rapportées de son voyage en Europe, il se gardera bien de les faire connaître du vivant de son père, il se contentera d'appliquer, au perfectionnement de ses entreprises régulières, les connaissances nouvelles qu'il peut avoir acquises, et ce ne sera que lorsque la mort de Méhémet

---

[486] Weygand, *op. cit.,* p. 165.
[487] Voir en annexe le Courrier du 18 août adressé à Guizot.

Ali l'appellera au Gouvernement de ce pays que le monde saura si Ibrahim pacha a la volonté d'utiliser, au profit de la population de l'Égypte, les bons et hauts exemples d'administration et de Gouvernement qu'il a reçus, dans le cours du voyage si instructif qu'il vient de faire[488]

---

[488] *Ibid.*

CHAPITRE XXVII
LES DERNIERES ANNEES

Au moment où Ibrahim pacha est en France, Méhémet Ali entreprend un voyage à Constantinople en juillet 1846 pour faire acte d'hommage au jeune sultan Abd ul Medjid qui

Témoigna pour le doyen des vizirs de la Sublime-Porte une très louable déférence[489]

La visite se termine en août 1846, avant de regagner l'Égypte, le vice-roi se rend à Cavalla qu'il avait quitté cinquante ans plus tôt pour prier sur les tombes de sa famille.
Durant les dernières années de règne de Méhémet Ali, une lutte sourde a lieu entre le père et le fils. Comme nous l'avons vu Méhémet Ali et Ibrahim pacha avaient des conceptions opposées sur la place de l'Égypte au sein de l'Empire ottoman. Le vice-roi avait eu, au moment de Nézib, beaucoup de difficultés à retenir son fils et à partir de ce moment ce qui n'était qu'une fêlure devient une fracture.
L'opposition à partir de 1844, prend une tournure dramatique en raison de l'état de santé du vieux pacha. Ainsi par exemple quand il s'impatiente de la lenteur des travaux pour réaliser les barrages sur le Nil, lenteur imputable au manque de ressources mises à disposition de ces travaux en raison des dépenses militaires des années 1840, le vice-roi est intraitable. Cette crise occasionne la révélation du premier désordre des facultés de Méhémet Ali. Il demande qu'on lui livre le traître et l'avare, le traître c'est son fils Ibrahim pacha, coupable de ne pas terminer les travaux du barrage et

[489] Gouin (E.), *op. cit.,* p. 469.

l'avare c'est le président du conseil, Scherif pacha, qui ne libère pas les fonds nécessaires à leur achèvement.

Il me faut Ibrahim pacha pieds et mains liés. Je l'incarcérerai pour le réduire à la soumission[490]

Dans un état d'agitation indescriptible, il se rend au Caire menaçant de finir ses jours près du tombeau du Prophète. Le comte Benedetti, en charge à l'époque du consulat de France à Alexandrie, exprime son inquiétude sur cette situation :

Il avait autour de lui des serviteurs qui lui obéissaient aveuglément, exécuteurs empressés de toutes ses volontés, lesquels se hâteraient de se conformer à ses ordres, quels qu'ils fussent sans s'enquérir de l'état mental de leur maître[491].

Quelques jours après le pacha est rétabli, l'incident est clos. Néanmoins comme l'indique Nubar, nouvellement attaché à Ibrahim pacha en qualité de secrétaire en 1844, le pacha soupçonne son fils d'intriguer pour prendre le pouvoir :

Mais quel spectacle que celui d'Ibrahim se rendant chez son père, avec la préoccupation d'un guet-apens se préparant à la défense[492]

En 1847, le vice-roi est de nouveau en proie à d'étranges hallucinations. Dès qu'il est en présence du consul de France, il s'écrie :

Le roi, le roi et le roi pour lui c'était la France[493]

---

[490] Benedetti de, *op. cit.,* p. 522.
[491] *Ibid.,* p. 523.
[492] Mémoires de Nubar pacha, *op. cit.,* p. 17.

Ses médecins ont alors l'idée qu'un déplacement pourrait lui être salutaire. Commence alors une étrange croisière qui doit conduire le pacha en France :

Il avait conservé son grand air, cette propreté recherchée confinant à l'élégance ; l'œil vif, animé ; assis, les jambes à demi repliées, toujours son sabre à portée de sa main. Quel contraste avec Ibrahim, debout devant lui, couvert d'un paletot grossier, la tête courbée, les mains croisées sur la poitrine en signe de respect, attendant un ordre ou une parole ! Epiant son père et se demandant si sa maladie était feinte ou réelle[494] !

C'est au large de Naples qu'il apprend la révolution de février et la chute du roi Louis-Philippe. Aussitôt il veut lever une armée qu'il se dit prêt lui-même à conduire pour rétablir le roi des Français…
Cette nouvelle aggrave son état et le retour en Égypte est décidé. Dès son arrivée, il est examiné par des médecins qui

Déclarèrent Mohammed Ali atteint d'une démence sénile. Il avait perdu la mémoire, ne reconnaissait personne, prononçait lentement des paroles incohérentes[495]

Un conseil de régence est constitué sous la présidence d'Ibrahim pacha dans le but de gérer les affaires courantes. Les membres de ce conseil sont Ahmed pacha Yeghen et Saïd pacha. Le conseil commence à fonctionner le 13 juin 1848.

---

[493] Benedetti de, *op. cit.,* p. 527.
[494] Mémoires de Nubar pacha, *op. cit.,* p. 54.
[495] *Ibid.*

Dans le courant du mois d'avril, devant les progrès de la maladie de Méhémet Ali, Ibrahim pacha prenant le prétexte d'une épidémie de choléra s'embarque pour Constantinople et reçoit l'investiture le 13 juin 1848. Elle lui est donnée d'autant plus rapidement qu'un médecin viennois attaché au palais du sultan, avait décelé une maladie grave chez Ibrahim pacha et lui donnait six mois à vivre. À cette époque, il avait les poumons attaqués et crachait du sang.
Ibrahim pacha revient à Alexandrie le 14 septembre 1848 et meurt à la Citadelle du Caire le 25 novembre 1848.

Dans les jours de colère et d'emportement, Méhémet Ali, aimant passionnément le pouvoir et ne sachant envisager sans irritation le moment où il échoirait à son successeur, s'exclamait souvent : « Mon fils n'héritera pas de ma puissance ; je lui survivrai. » Informé de ces propos, Ibrahim pacha répondait : « La nature a ses droits qui se confondent avec les miens ; je gouvernerai l'Égypte. » Par un singulier concours de circonstances, ils eurent raison tous les deux, le fils exerça l'autorité suprême, mais le père lui survécut[496]

Le pouvoir est désormais exercé par Abbas pacha, fils de Toussoun pacha, en raison de la règle du séniorat. Il reçoit un firman de la Porte semblable à celui émis pour Ibrahim pacha. Abbas pacha part en décembre 1848 à Constantinople pour recevoir l'investiture.
Le pacha vit alors à Alexandrie au palais de Ras el Tin, entouré de peu de serviteurs. Il souffre d'insomnies qui ne le font dormir qu'une heure ou deux par nuit. Pour le distraire, on lui fait faire des promenades dans les jardins de Moharram-bey ou de Zizinia.

---

[496] Benedetti de, *op. cit.*, p. 528.

Méhémet Ali meurt à Alexandrie au palais de Ras el Tin à midi le 2 août 1849. Dans Alexandrie, son convoi est suivi par la population entière sans distinction de religion, ni de nationalité.
Sa dépouille est inhumée dans la mosquée funéraire qu'il avait fait édifier sur la Citadelle du Caire.

Saïd pacha et quelques officiers supérieurs ont accompagné le mort jusqu'au Caire, où de nouveau la dépouille mortelle fut suivie jusqu'à la tombe avec une certaine pompe, mais sans que les autorités étrangères y fussent invitées (...) Tous deux descendirent (Saïd pacha et Abbas pacha) jusqu'à la porte de la Citadelle à la rencontre du mort qu'ils suivirent jusqu'à sa tombe se trouvant dans la nouvelle mosquée de la citadelle, mosquée magnifique élevée par Mohamed Aly lui même[497]

[497] Lettre de Jean G. Ivos au Ministère du 7 août 1849 in Politis (A.), *op. cit.*, p. 186.

Epilogue

Le pacha ne cessât jamais de recommander à sa famille, à sa Maison et à ses proches d'apprécier comme il convient les bons procédés des Français envers l'Égypte. Des liens tout au long de sa dynastie se tissèrent avec la France. Les regards des princes égyptiens surent toujours trouver aide et appui dans ce pays désigné par leur aïeul comme ami fidèle jusqu'au général de Gaulle.

ANNEXES

Relevé de services de Joseph Sève
Extrait des registres matricules et documents déposés au Ministère de la Défense

Nom et signalement militaire

Sève Joseph, né le 17 mai 1788 à Lyon (Rhône), fils d'Anthelme tondeur de draps et de Antoinette Juillet.
Cheveux et sourcils châtains
Front haut
Yeux bleus
Nez gros
Bouche moyenne
Menton relevé
Visage ovale marqué de petite vérole
Taille : 1m 705 cm

Détail des Services

Entré au service de la marine le 2 Vendémiaire an 7 (23 septembre 1798)
Passé au 2ème régiment d'Artillerie de Marine le 2 Vendémiaire an 12 (25 septembre 1805)
Passé au 6ème régiment de hussards le 2 mai 1807
Brigadier le 2 juin 1807
Prisonnier de guerre le 15 avril 1809
Rayé des contrôles du 6ème régiment de hussards pour cause de longue absence le 17 février 1810
Rentré des prisons le 21 mai 1811
Maréchal des logis le 16 juillet (ou octobre) 1811
Adjudant sous-officier le 1er novembre 1812
Sous-lieutenant par décret impérial du 5 (ou 6) juin 1813
Nommé lieutenant au 14ème régiment de chasseurs à cheval le 13 (ou 28) mars 1814

Porte-étendard de ce régiment par décision du 19 novembre 1814
Passé à l'état-major du Maréchal de Grouchy le 1er mai 1815
Passé capitaine à l'état-major du général comte de Piré, antérieurement au 1er juillet 1815 (nomination annulée par application de l'ordonnance du 1er août 1815)
(Il était lieutenant en non activité à l'époque d'octobre 1817)

D'après les listes mensuelles des officiers du 14ème régiment de chasseur, le lieutenant Sève fut successivement :

- à l'époque du 1er mars 1815 : présent à son corps à Castres
- à l'époque du 1er avril 1815 : détaché hors la division (ainsi d'ailleurs que la presque totalité de son corps)
- à partir du 1er juin 1815 : présent aux escadrons de guerre à Marseille
- à partir du 1er juillet 1815 : passé le... (date en blanc) capitaine à l'état-major de M. le lieutenant général comte Piré ; rayé le 1er juillet 1815

La liste du 1er mai manque. Il n'est fait nulle part mention dans ces documents du passage de Sève à l'état-major de Grouchy. Cette affectation est cependant vraisemblable : le 14ème régiment des chasseurs avait participé dans le Midi, avec le corps d'armée royal, aux opérations du duc d'Angoulême contre les troupes de Grouchy et Piré ; il avait repris la cocarde tricolore dès le départ du prince.

S'il est exact que Sève fut promu capitaine dans le courant de juin, ce grade ne pouvait lui être reconnu par la 2ème restauration, l'ordonnance du 1er août 1815 ayant annulé les nominations, promotions et réintégrations décidées « pendant le temps de l'usurpation ».

En tout cas, lorsqu'il sollicite en octobre 1817 l'autorisation d'épouser Eulalie Virginie Champy, il était « lieutenant en non activité ».

Campagnes : Ans 9, 10, 11 ,12 , 13 : dans la Méditerranée sur les frégates le MUIRON, et l'HORTENSE ; sur les vaisseaux l'INDOMPTABLE, le PLUTON, le BUCENTAURE et la BOREE.
1809 : à l'armée d'Allemagne
Dans la réalité, SEVE participa à la campagne dite d'Allemagne, mais uniquement en Italie, puisqu'il avait disparu du rang quand le 6ème régiment des hussards entra en terre allemande.
1812 : en Russie
1813 : en Allemagne
1814 : en France
Le général comte de PIRE étant informé que trois officiers de cosaques et trois sous-officiers étaient dans un village auprès de la Ferté-sur-Aube, à trois lieues des avant-postes français, charge M. SEVE d'enlever ce poste. Cet officier s'acquitta de cette mission avec tant d'intelligence qu'il reçut les félicitations de M. le comte MILHAUD, commandant le corps de cavalerie.

Blessures : Un coup de hache d'abordage au bras droit, à la bataille de Trafalgar (21 octobre 1805).

Fils du vice-roi dans le livre d'or de la famille royale :

Ibrahim pacha 1204 H (1789) 14 Zil-Hedjeh 1264 (10 novembre 1848). Décédé au Caire. Inhumé au cimetière de l'Imam dans le Grand Caveau de l'Auguste Famille.
Prince Ahmed Toussoun Pacha 1208 H (1793) 7 Zil Kaadeh 1231 (29 septembre 1816) .Décédé à Rachid. Inhumé au cimetière de l'Imam dans le Grand Caveau de l'Auguste Famille.
Prince Ismaïl Kamil Pacha 1210 H (1796) 1238 H (1822). Décédé à Chimdi au Soudan. Inhumé au cimetière de l'Imam dans le Caveau de l'Auguste Famille.
Prince Gaafer bey (?) 1255 H (1810). Inhumé dans le Cimetière de l'Iman dans le Grand Caveau de l'Auguste Famille.
Prince Nouman bey (?) 1230 H (1815). Inhumé dans le Cimetière de l'Iman dans le Grand Caveau de l'Auguste Famille.
Prince Iskandar bey 12 ragal 1236 H (15 avril 1821) hawal 1238 H (juin 1823). Né à Alexandrie. Décédé à Istanbul.
Prince Halim bey (?) 1237 H (1822). Inhumé à Nabi Daniel (petite salle) Alexandrie.
Prince Abdel Halim bey 11 Moharram 1237 H (8 octobre 1821) 1245 H (1829). Inhumé à Nabi Daniel (petite salle) Alexandrie.
Prince Mohamed Saïd pacha 23 Gamat Tani 1237 H (17 mars 1822) 27 Ragab 1279 H (18 juin 1863). Décédé à Alexandrie. Inhumé à Nabi Daniel (grande salle) Alexandrie.
Prince Halim bey (?) 1238 H (1823). Inhumé au cimetière de l'Imam dans le Grand Caveau de l'Auguste Famille.
Prince Mahmoud bey Ragab 1240 H (février 1825) 1245 H (1829). Inhumé dans le cimetière de l'Imam dans le Grand Caveau de l'Auguste Famille.

Prince Hussein bey 1241 H (1825) 1263 H (1847). Décédé à Paris. Inhumé à Nabi Daniel (grande salle) Alexandrie.

Prince Abdel Halim bey 1242 H (1826) 1246 H (1830).

Prince Ali Seddik bey 16 Chaaban 1243 H (3 mars 1828) 1252 H (1836). Inhumé dans le cimetière de l'Imam dans le Caveau de l'Auguste Famille.

Prince Mohamed Abdel Halim pacha 1247 H (1831) 30Zil Kaadeh 1312 H (4 juin 1892). Décédé à Istanbul. Inhumé au cimetière du sultan Mahmoud II.

Prince Mohamed Aly pacha 1248 H (1833) 18 Zil Hedjeh 1277 H (27 juin 1861). Décédé à Istanbul. Inhumé dans son caveau près de la mosquée Abou Ayoub Al Ansari.

Prince Iskandar 20 Zil Kaadeh 1248 H (11 avril 1833) (?)

Filles du vice-roi :

Princesse Tewhideh hanem 1212 H (1791) 1246 H (1830). Inhumée à Nabi Daniel (grande salle) Alexandrie.
Princesse Nazli hanem 1214 H (1793) 1277 H (1860). Inhumée à Nabi Daniel (grande salle) Alexandrie.
Princesse Roukayeh hanem (?) 1225 H (1810). Inhumée dans le cimetière de l'Imam dans le Caveau de l'Auguste Famille.
Princesse Roukayeh hanem (?) 1229 H (1814). Inhumée dans le cimetière de l'Imam dans le Caveau de l'Auguste Famille.
Princesse Salma hanem (?) 1230 H (1815). Inhumée dans le cimetière de l'Imam dans le Caveau de l'Auguste Famille.
Princesse Zolaïkha hanem (?) 1230H (1815). Inhumée dans le cimetière de l'Imam dans le Caveau de l'Auguste Famille.
Princesse Zeinab (?) Zil Kaadeh 1236 (Août 1821). Inhumée dans le cimetière de l'Iman dans le Caveau de l'Auguste Famille.
Princesse Fatima hanem (?) 1237 H (1822). Inhumée à Nabi Daniel, Alexandrie.
Princesse Roukayeh hanem (?) 1238 H (1823). Inhumée dans le cimetière de l'Imam dans le Caveau de l'Auguste Famille.
Princesse Zeinab hanem (?) 1238 H (1823). Inhumée à Nabi Daniel (petite salle), Alexandrie
Princesse Zeinah hanem 1240 H (1824) 1245 H (1829). Inhumée à Nabi Daniel (petite salle) Alexandrie.

Princesse Zeinab hanem 29 Safar 1241 H (12 octobre 1825) 12 Gamad Tani 1301 H (9 avril 1894). Inhumée dans son caveau à Iskoudari (Scutari) Istanbul.
Princesse Aïcha 12 Rabi Awal 1244 H (22 septembre 1828) 1248 H (1833). Inhumée à Nabi Daniel (petite salle) Alexandrie.

Courrier du 18 août 1846 du Consul Général de France à Son Excellence M. Guizot, Ministre des Affaires Etrangères relatif au voyage d'Ibrahim pacha en France

Monsieur le Ministre,

Le Vice-roi est attendu à Alexandrie du 20 au 25 de ce mois ; la population européenne fait de grands préparatifs pour célébrer son retour.

Ibrahim pacha est parti au Caire, le 12 ; on pense qu'il reviendra à Alexandrie, accompagné des membres de la famille de S.A. qui se trouvent au Caire, dès qu'il apprendra le retour du Vice-Roi.

Ainsi que je l'ai annoncé à V.E. par ma dernière dépêche, j'ai eu l'honneur de dîner avec Ibrahim pacha le lendemain de son arrivée. Je désirais vivement connaître l'impression que son voyage en France et en Angleterre avait produite sur lui. Malheureusement nous étions très nombreux et la conversation pouvait difficilement rester particulière entre lui et moi. S.A. a pu, cependant, me témoigner, dans les termes les plus chaleureux, sa reconnaissance pour l'accueil si bienveillant qu'il a reçu du Roi et de la Reine et de la famille Royale. J'ai été très bien reçu en Angleterre, me dit-il, mais nulle part je n'ai éprouvé autant de sympathie qu'en France. En France, ce n'était pas seulement le Gouvernement du pays qui m'accueillait avec bonté, partout où je passais le peuple semblait me regarder comme un ami. Je ne me suis pas un seul instant senti étranger dans votre pays. Le Roi, le monde entier le connaît ; je n'oserais essayer de vous dire ce que je pense de lui ; ma voix serait si faible, quand la voix de tous les peuples dit ses louanges. Mais je n'oublierai jamais ce dont j'ai été témoin à sa Cour, sa bonté, son affabilité envers tous, même envers les plus petits ; il paraissait le père de tous ceux qui l'approchaient. Il est impossible que le Roi ait un seul ennemi en France ; Ibrahim pacha ne savait pas, quand il me parlait ainsi, qu'un nouvel attentat venait de remplir la France d'une profonde indignation et en même temps d'un douloureux étonnement. Et Votre Reine, ajouta S.A., votre Reine ! Je ne devrais peut être pas me servir de cette expression ; mais elle est la Mériem (la sainte Vierge) de la France. Ibrahim pacha me parla de tous les membres de la famille Royale avec la même effusion de reconnaissance ; il n'a pas pu s'empêcher de remarquer cette union si parfaite qui les unit étroitement et qui fait l'admiration et le bonheur de la France ; si sa pensée s'est reportée sur lui-même et sur les divers membres de sa famille, il aura dû faire une pénible comparaison.

Ce sont les pensées d'Ibrahim pacha, M. Le Ministre que je m'attache à reproduire à V.E. Je m'abstiens, donc, de lui dire ce que dans le cours de cette conversation, j'ai dû répondre à S.A. Elle comprendra aisément, que je n'ai pu garder le silence, en entendant le fils de Méhémet Ali parler avec tant d'enthousiasme du Roi et de son Auguste famille. Ibrahim pacha n'a pas pu manqué, non plus, de se rappeler avec gratitude les relations qu'il a eues avec V.E. et avec les autres membres du Gouvernement du Roi. V.E. me permettra de ne pas redire ici toutes les expressions dont il s'est servi, dans cette occasion ; mais je ne puis, toutefois, m'empêcher de lui répéter quelques unes de ses paroles : Quand Dieu, m'a-t-il dit, est lassé de punir un peuple, il lui envoie un Gouvernement sage et qui puisse guérir les blessures du passé. Ce Gouvernement Dieu l'a donné à la France ; qu'il le garde ! Ibrahim pacha m'a dit, M. le Ministre, qu'avant de partir pour le Caire, il écrirait à V.E.

et à S.A.R. Mgr le duc de Montpensier. Je pense que ce paquebot sera porteur de ces lettres.

Ibrahim pacha a beaucoup admiré l'Angleterre, M. le Ministre ; Son voyage dans les villes manufacturières de ce pays a produit une vive impression sur lui, et il ne pouvait guère en être autrement ; cette vie si active et si féconde du peuple anglais a dû frapper son esprit ; il regrette beaucoup n'avoir vu quelques unes de nos grandes manufactures ; peut-être eût il été à désirer qu'il eût fait son voyage à Elbeuf, à Mulhouse, à Sedan ; il aurait pu voir que nous sommes aussi une nation autant industrielle que guerrière. Un mot de lui, fera, toutefois, comprendre à V.E. son opinion sur l'un et sur l'autre pays. En Angleterre, dit Ibrahim, le peuple parait tout entier occupé à gagner sa vie ; en France on dirait qu'il l'a trouvée toute gagnée.

La revue dont le Gouvernement du Roi lui a donné le spectacle au Champ de Mars, lui a laissé de profonds souvenirs. Il a beaucoup admiré nos soldats ; mais les officiers ont surtout excité son plus vif enthousiasme. Avec une armée comme celle-là, disait-il, un bon général peut faire le tour du monde. S.A. m'adressa, à cette occasion, une assez singulière question : croyez-vous, me dit-il, que les soldats que j'ai vus en France vaillent ceux de Napoléon ; quant à moi, je crois qu'ils leur sont bien supérieurs. Je lui répondis que c'était une épreuve que je ne désirais nullement voir faire ; Que la France était bien certainement, plus sage, aujourd'hui, mais non moins brave qu'elle ne l'était sous l'Empire et qu'il pouvait être bien convaincu que si l'honneur de la France l'exigeait nos soldats d'aujourd'hui se montreraient, les dignes enfants de nos soldats d'autrefois.

En résumé, M. le Ministre, le voyage d'Ibrahim pacha semble avoir produit sur lui de fortes et profondes impressions. Il a vu en Angleterre et en France non seulement des merveilles d'industrie et de force matérielle qu'il ne soupçonnait même pas auparavant, amis encore il aura pu apprendre qu'en Europe les Gouvernements regardent comme leur premier devoir de consacrer tous leurs efforts au bonheur des peuples que la Providence leur a confiés. Malheureusement il a fait ce voyage bien tard pour qu'il puisse être aussi profitable que les amis de l'Égypte pourraient le désirer ; il me parait difficile, en effet, que le souvenir de ce voyage soit jamais assez puissant pour corriger en lui toutes les mauvaises habitudes de sa vie passée. Il a, sans contredit, car c'est un homme fin et intelligent, su faire la comparaison des hommes et des choses de l'Occident avec les hommes et les choses de l'Orient, car, lorsque je lui demandai quelle était la différence la plus remarquable qu'il avait observée entre l'Orient et l'Occident, il me répondit par ce peu de mots si expressifs : Quelle différence y a t'il entre un mort et un vivant ? Mais je doute fort qu'il ait rapporté de son voyage autre chose qu'une appréciation meilleure des éléments de puissance de l'Europe et le vif désir d'utiliser, pour son propre avantage, les renseignements qu'il a recueillis sur l'administration, sur l'industrie, sur la manière, enfin, de faire produire les hommes. Il est certain, et je me complais dans cette pensée, qu'il résultera quelque bien, pour la misérable population de ce pays, des améliorations qu'il introduira, quand il sera maître, dans le système administratif de l'Égypte. Mais ce ne sera, je le crains bien, que par contre coup, et nullement par l'effet direct de sa volonté.

Peut-être, M. le Ministre, suis-je un peu trop absolu dans ma manière d'apprécier les hommes de l'Égypte mais j'ai si constamment vu l'égoïsme le plus excessif présider à tous les actes du Gouvernement, que je désespère de le voir, d'ici à bien longtemps, entrer dans les voies plus larges et s'occuper, enfin, de ce qui devrait être l'objet de toute sollicitude, du sort du peuple égyptien. Je ne connais pas, d'ailleurs, Ibrahim pacha, je ne l'ai vu que pendant quelques heures et je l'ai trouvé, je dois le dire, bien supérieur à tous les hommes que j'ai rencontrés en Orient, Méhémet Ali excepté, mais les personnes qui l'ont connu, depuis 25 ans, s'accordent à dire qu'il est bien loin d'avoir, au même degré que son père, l'instinct de la générosité de la bonté du cœur. Il est certain, d'ailleurs, Monsieur le Ministre, que quelles que soient les idées gouvernementales qu'Ibrahim pacha aura rapportées de son voyage en Europe, il se gardera bien de les faire connaître du vivant de son père, il se contentera d'appliquer, au perfectionnement de ses entreprises particulières, les connaissances nouvelles qu'il peut avoir acquises, et ce ne sera que lorsque la mort de Méhémet Ali l'appellera au Gouvernement de ce pays que le monde saura si Ibrahim pacha a la volonté d'utiliser, au profit de la population de l'Égypte, les bons et hauts exemples d'administration et de Gouvernement qu'il a reçus, dans le cours du voyage, si instructif qu'il vient de faire.

Je suis au respect,

A. Barrot

Extrait des
Instructions de Méhémet Ali à son fils Ibrahim pour son voyage en Europe[498]

Ordonnance pour le Généralissime, en date du 17 Zilkadé 1261 (17 novembre 1845), Abdine.

J'ai reçu la lettre de Votre Altesse datée du 29 Chawal 1261 (30 octobre 1845) par laquelle vous m'informez que votre santé s'améliore de jour en jour. Vous m'apprenez également que dans quarante-cinq jours vous partirez pour la station des bains sulfureux sise entre la France et l'Espagne. Ces bonnes nouvelles ont rempli de joie mon cœur de père. Etant donné qu'après votre séjour aux bains vous comptez vous rendre à Paris et en Angleterre, nous vous remettons ci-joint nos instructions en six points pour vous mettre à même de répondre d'une façon claire et précise au cours des conversations politiques qui pourront avoir lieu. Vous aurez là les réponses convenables : j'espère que vous les lirez avec attention et que vous saurez vous y conformer en cas de nécessité. Vous nous ferez plaisir en nous donnant de vos bonnes nouvelles.

Lorsqu'en France, vous verrez le Roi, les ministres et les notabilités, et que la conversation roulera sur les affaires politiques de l'Égypte, vous devrez dire : « Mon père est assuré, depuis qu'il a pris le pouvoir, du degré d'affection et de respect des Français pour sa personne et pour sa famille. Les Français n'ont jamais ménagé leurs efforts pour aider

[498] Archives du Palais d'Abdine, registre 215, n° 253-254, traduites par Gaston Wiet.

Mohammed Ali à faire progresser son pays. Il n'a laissé passer aucune occasion de manifester sa reconnaissance et il ne cessera jamais de recommander à sa famille, à sa Maison et à ses proches, d'apprécier comme il convient les bons procédés des Français envers l'Égypte. Il n'est pas douteux que nous suivrons fidèlement les conseils de mon père pour conserver l'amour et l'affection des Français.

Après ce préambule vous vous étendrez à décrire la situation passée de l'Égypte et vous donnerez tous les détails voulus sur les efforts déployés pour y affermir la paix et la sécurité et y implanter la civilisation.

Si l'on aborde la question du canal de Suez, dites qu'il n'y a pas de difficulté réelle pour faire aboutir au mieux ce projet. Par contre l'entreprise matérielle soulève des difficultés à cause des grands travaux en cours pour la construction des Barrages. Nous sommes donc obligés de remettre le creusement à plus tard. Mais, de toutes façons, nous ne perdons pas de vue cette entreprise : lorsque les Barrages seront achevés, il sera facile pour l'Égypte de commencer les travaux de creusement.

Si l'on vous parle des commandes de la flotte, vous devrez faire la réponse suivante : « Nous avions dû autrefois commander un certain nombre de navires, mais le besoin ne s'en fait plus sentir dans les conjonctures actuelles. Nous sommes au plus grand regret d'y renoncer, mais ce serait des constructions effectuées en pure perte.

Bibliographie

Fonds d'Archives :
Archives du ministère des Affaires étrangères : Correspondance consulaire : Carton Alexandrie 1828-1830.
Archives du ministère des Affaires étrangères : Correspondance diplomatique, Égypte I, f° 312-322
Archives du ministère des Affaires étrangères : Correspondance diplomatique, Égypte VIII, f° 311-312
Archives du ministère des Affaires étrangères : Correspondance politique, Égypte II, f° 17-19, f° 20-29, f° 46-51, f° 75-78, f° 99-102.
Archives du ministère des Affaires étrangères : Correspondance politique, Égypte VIII, f° 190-194, f° 216-221, f° 236-240, f° 299-306
Archives du ministère des Affaires étrangères : Correspondance politique, Égypte IX, f° 11-12, f° 57-62, f° 164-169, f° 199-208, f° 210-212, f° 218-223, f° 234-235
Archives du ministère des Affaires étrangères : Correspondance politique, Égypte X, f° 71-74, f° 90-94
Archives du ministère des Affaires étrangères : Correspondance diplomatique, Égypte XI, f° 43-49, f° 72-74, f° 111-117, f° 243-248.
Archives du ministère des Affaires étrangères : Correspondance politique, Égypte XII, f° 47-49, f° 311-313
Archives nationales, Marine, BB4, f° 21-22, f° 1029, III

Souvenirs, Correspondances, Témoignages, Documents et Mémoires contemporains.
About (E.), *Le fellah*, Paris, 1873.
Audouard (O.), *Les mystères de l'Égypte dévoilée*, Paris, 1865.

Barthélémy et Méry, *Napoléon en Égypte,* Paris, 1827.
Belzoni, *Voyages en Égypte et en Nubie*, Paris, 1844.
Benedetti de, *Méhémet Ali durant ses dernières années,* revue des deux Mondes, 1895.
Cailliaud (F.), *Voyage à Méroé au Fleuve Blanc au-delà de Fazoql dans le midi du royaume de Sennar à Syouah et dans cinq autres oasis,* Paris, 1823-1827.
Chateaubriand (F.R.), *Itinéraire de Paris à Jérusalem*, Paris, réédition de 1968.
Calvadène et Breuvery, *L'Égypte et la Turquie*, Paris, 1836.
Clot-bey, *Aperçu sur l'Égypte,* Paris, 1840.
Clot-bey, *Mémoires,* Le Caire, 1949.
Clot-bey, *Histoire de Méhémet Ali,* Marseille, s.d.
Du Camp (M.), *Souvenirs littéraires 1822-1894*, Paris, 1896.
Djabarti, *Chroniques,* Le Caire, 1896 (traduction).
Edmond (Ch.), *Zéphirin Cazavan en Égypte*, Paris, 1880.
Fortanier, *Voyage dans l'Inde et dans le Golfe Persique par l'Égypte et la Mer Rouge,* Paris, 1844.
Gouin (E.), *L'Égypte de Méhémet Ali,* Paris, 1844.
Guizot (F.), *Mémoires pour saisir l'histoire de mon temps,* Paris, 1858-1864.
Hamont (P.N.), *L'Égypte de Méhémet Ali*, Paris, 1843.
Labat, *L'Égypte ancienne et moderne,* Paris, 1840.
Lauvergne (H.), *Souvenirs de la Grèce pendant la campagne de 1835*, Paris, 1836.
L'Hôte (N.), *Lettres, journaux et dessins inédits*, Paris, 1993.
Linant de Bellefonds bey, *Mémoires sur les principaux travaux d'Utilité Publique en Égypte*, Paris, 1872-1873.
Marcel (J.J.), *L'Égypte de Méhémet Ali,* Paris, 1848.
Mémoires de Leibnitz à Louis XIV sur la conquête de l'Égypte, Paris, 1840.
Mémoires de Nubar pacha, Beyrouth, 1981.
Merruau (P.), *L'Égypte contemporaine de Méhémet Ali à Saïd pacha (1840-1857),* Paris, 1858.

Mouriez (P.), *Histoire de Méhémet Ali*, Paris, 1855.
Nerval (G. de), *Les femmes du Caire,* Paris, 1887.
Pardieu (Ch), *Excursion en Orient,* Paris, 1851.
Perrier (F.), *La Syrie sous le Gouvernement de Méhémet Ali*, Paris, 1842.
Planat (J.), *Histoire de la Régénération de l'Égypte,* Paris, 1830.
Poitou (E.), *Un hiver en Égypte*, Paris, 1855.
Prisse d'Avenne (P.), *L'Égypte sous la domination de Mohammed Ali,* Paris, 1847.
Saint-John, *Egypt and Nubia*, Londres, 1845.
Scott (C. Rochefort), *Rambles in Egypt and Candia,* Londres, 1837.
Soliman pacha, *La relation de la bataille de Nézib*, Paris, 1840.
Uquhard (D.), *Le Sultan et le Pacha,* Paris, 1839.
Vaulabelle (A. de), *Histoire moderne de l'Égypte (1801-1834),* Paris, 1835.
Verninac de Saint Maur, *Voyage du Louxor en Égypte,* Paris, 1835.
Voilquin (S.), *Souvenirs d'une fille du peuple,* Paris, 1865.
Volkoff (O.), *Voyageurs russes en Égypte,* Le Caire, 1972.

Histoire, Histoire littéraire

Bélorgey (J.M.), *Voyages, ruptures et métamorphoses des Occidentaux en quête de nouveaux mondes*, Autrement, Paris, 2000.
Benoit-Guyot (G.), *Le voyage de l'obélisque*, Paris, 1939.
Bertaut (J.), *Louis-Philippe intime*, Paris, s.d.
Bilici (F.), *Louis XIV et son projet de conquête d'Istanbul*, Ankara, 2004.

Cabra (J.), *Quelques firmans concernant les relations franco-turques lors de l'expédition de Bonaparte en Égypte (1798-1799)*, Cahiers de la Société asiatique, 1938.
Carré (J.M.), *Voyageurs et écrivains en Égypte*, Le Caire, 1956.
Charles-Roux (F.), *Les origines de l'expédition d'Égypte*, Paris, 1910.
Charles-Roux (F.), *Thiers et Méhémet Ali*, Paris, 1951.
Charles-Roux (F.), *L'Égypte de 1807 à 1882*, Paris, 1936.
Charléty (S.), *Histoire du Saint-simonisme (1825-1864)*, Paris, 1931.
Cattaui (R. et G.), *Mohamed-Aly et l'Europe*, Paris, 1950.
Cattaui (R.), *Les archives russes en Égypte*, Le Caire, 1931-1936.
Chivékiar d'Égypte, *Mon pays*, Paris, 1933.
Collectif, *La France et l'Égypte à l'époque des vice-rois (1805-1882)*, Le Caire, 2002.
Dardaud (G.), *L'aventure de la Girafe,* Revue des Conférences en Orient, 1951.
Documentation sur le Jumel, Belfort, 1941.
Douin (G.), *La Mission de Boislecomte,* Le Caire, 1927.
Précis de l'Histoire de l'Égypte, Paris, 1933.
Douin (G.), *L'Égypte de 1802 à 1804,* Le Caire, 1925.
Douin (G.), *L'Angleterre et l'Égypte, la politique mamelouke (1803-1807)*, Le Caire, 1930.
Douin (G.), *L'Égypte de 1820 à 1830*, Paris, 1935.
Douin (G.), *Mohammed Aly et l'expédition d'Alger, 1828-1830,* Le Caire, 1930.
Douin (G.), *Histoire du khédive Ismaïl*, Le Caire, 1933.
Driault (E.), *Mohammed Aly et Napoléon (1807-1814)*, Le Caire, 1925.
Driault (E.), *L'Égypte et l'Europe. La crise de 1834-1841*, Le Caire, 1930.
Driault (E.), *La question d'Orient*, Paris, 1921.

Durand-Viel (amiral), *Campagnes navales de Mohammed Ali et de ses fils,* Paris, 1935.
Enkiri (G.), *Ibrahim pacha*, Le Caire, 1948.
Fahmy (K.), *All the Pascha's Men*, Le Caire, 2002.
Faivre d'Arcier (A.), *Les agents de Napoléon en Égypte (1801-1815)*, Paris, 1990.
Garreau (R.), *Besson-bey*, Antibes, 1949.
Hanotaux (G.), *Histoire de la nation égyptienne*, Paris, 1931.
Ivray (J. de), *L'aventure saint-simonienne et les femmes*, Paris, 1930.
Levallois (A.), *Les écrits autobiographiques d'Ismayl Urbain*, Paris, 2005.
Louca (A.), *Voyageurs et écrivains en France au XIXe siècle*, Paris, 1970.
Mahmoud Hussein, *Sur l'expédition d'Égypte, textes de Vivant Denon et d'Abdel Rahman el Gabarti*, Paris, 1998.
Mantran (R.), *Histoire de l'empire ottoman*, Paris, 1989.
Prochasson (C.), *Saint-Simon, l'Anti Marx*, Paris, 2005.
Raymond (A.), *Égyptiens et Français au Caire au XVIIIe siècle*, Le Caire, 1988.
Régnier (Ph.), *Les Saint-Simoniens en Égypte (1833-1851),* Le Caire, 1989.
Sabry (M.), *L'empire égyptien sous Mohammed Aly et la question d'Orient*, Paris, 1930.
Savant (J.), *Les mamelouks de Napoléon*, Paris, 1949.
Tagher (J.), *Mohammed Ali jugé par les Européens de son temps*, Le Caire, 1952.
Vingtrinier (A.), *Soliman pacha*, Paris, 1896.
Weygand (général), *Histoire militaire de Mohammed Ali et de ses fils*, Paris, 1936.
Wiet (G.), *Mohammed Ali et les Beaux-Arts,* Le Caire, s.d.
Yérasimos (S.), *Deux Ottomans sous le Directoire et l'Empire,* Paris, 1998.

Catalogues d'exposition :
De David à Delacroix, Paris, 1974.
La campagne d'Égypte, mythe et réalité, Paris, 1998.
Toutes les Égyptes, Marseille, 1998.

Index des noms de personnes

TABLE DES MATIERES

Achevé d'imprimer en France
le 20 juillet 2005
sur les presses de

52200 Langres - Saints-Geosmes
Dépôt légal :juillet 2005 - N° d'imprimeur : 5969